もっと京都がわかる250問

小嶋 一郎
読売新聞京都総局 著

淡交社

もっと京都がわかる250問　目次

はじめに …………… 2

第1章　社寺と文化財 …………… 5　解説と答 …………… 10
第2章　京の歳時記 …………… 22　解説と答 …………… 30
第3章　歴史上の人物たち …………… 45　解説と答 …………… 49
第4章　伝説・物語の世界 …………… 58　解説と答 …………… 61
第5章　京の食文化 …………… 67　解説と答 …………… 72
第6章　百花繚乱の都 …………… 81　解説と答 …………… 85
第7章　花街の華やぎ …………… 92　解説と答 …………… 96
第8章　庭めぐり …………… 103　解説と答 …………… 109
第9章　建築あれこれ …………… 121　解説と答 …………… 126
第10章　京の言の葉 …………… 135　解説と答 …………… 139

あとがき …………… 147
採点表 …………… 153
索引 …………… 159

はじめに

 年間５千万人近くの観光客。多くの人が一度ならず訪れ、風情ある町に住みたいと願う。でもまだまだ知らないことが多い京都の魅力を、楽しみながら学んでもらいたい。そんな思いから２００６年１０月、読売新聞京都版で毎週日曜日、「京都がわかる」を始めました。

 出題と解説は、京都古文化保存協会の小嶋一郎さん。京都検定１級保持者です。「わかりやすい言葉で、ちょっとスパイスの効いたエピソードを織り込んだ解説にしたいですね」。最初にお会いした時の言葉通り、小嶋さんの原稿にはいつも楽しい「京都発見」があります。同志社大学在学中は「歴史美術研究会」に属し、卒業後はホテルマンとして観光客を寺院や神社に案内し、〈京都を語る〉ことは手慣れたものです。その熱い思いはあとがきを読んでいただくとして、豊かな知識とキャリアに裏打ちされた軽妙な語り口で日曜の朝、京都の奥深い世界へと導いてくれます。

小嶋さんの原稿は、京都総局の二谷小百合記者がメールで受け、新聞連載のスタイルにあわせ、深井康行デスクが監修しています。日々の紙面作りが終わってからの深夜の作業ですが、いつも歴史書や事典、地図を片手に、「へぇ、そうやったんや」と新たな京都との出会いを楽しみながら、現在も連載を続けています。

淡交社のご厚意で出版されるこの本は、昨年10月から今年8月までの33回分を中心に、スペースの関係でお蔵入りとなった未掲載の問題も収録し、加筆したものです。底知れぬ魅力にあふれた京都がもっとわかるきっかけになれば幸いです。

2007年9月

読売新聞京都総局長

足達　新

凡例

一、本書は読売新聞京都版の日曜連載「京都がわかる」（2006年10月～2007年8月掲載分）を再構成したものです。新聞掲載分をもとに修正・加筆し、問題数も増やしています。

一、問題の作成と解説は、財団法人京都古文化保存協会事務局の小嶋一郎氏が担当しました。

一、各問題に付した☆印は難易度を表わし、☆印の多いものほどむずかしいことを示しています。ただし難易度は著者および編集部の判断で設定したものであり、あくまで目安とお考え下さい。

一、コラム「ちょっとアタマの整理」は、読売新聞京都総局が小嶋一郎氏を講師に招き3回開いた公開講座の資料をもとに、そのエッセンスの数例をまとめたものです。

一、問題の正答数を整理する便宜として、巻末に「採点表」を設けました。難易度別に正答数を把握できますので、ご利用下さい。

第1章　社寺と文化財

ご利益

問題1 智恵の虚空蔵さんとして親しまれる、十三まいりで有名な嵐山のお寺は？
　①法住寺　②法勝寺　③法金剛院　④法輪寺

問題2 目疾(めやみ)地蔵で有名な仲源寺ですが、ある大きな通りに面しています。その通りとは？
　①三条通　②四条通　③河原町通　④寺町通

問題3 恋の行方を占いたい女友達に聞かれました。水占いで有名なところは、どこでしょうか。
　①下鴨神社　②醍醐寺　③泉涌寺　④貴船神社

問題4 酒造りに携わる人がよくお参りに行く神社はどこですか。
　①伏見稲荷大社　②上賀茂神社　③城南宮　④松尾大社

問題5 頭痛平癒によいといわれるのは、どれでしょうか。
　①柳の御加持(おかじ)　②湯立神楽　③大根焚き　④こんにゃく焚き

問題6　世継ぎがほしい時のお参りは、どこがよいでしょうか。
①上徳寺　②大徳寺　③願徳寺　④康徳寺

問題7　婦人病にご利益のあるお寺は、どこでしょうか。
①真如堂　②永観堂　③粟嶋堂　④経堂

問題8　祇園祭の山鉾で、恋愛成就の山として知られているのはどの山でしょうか。
①孟宗山（もうそう）　②木賊山（とくさ）　③占出山（うらで）　④保昌山（ほうしょう）

問題9　足腰が弱くなったおじいちゃんに孫がお守りを買うのは、どこがいいでしょうか。
①上御霊神社　②下御霊神社　③梨木神社　④護王神社

問題10　新京極にある、落語の祖として名高いお坊さんゆかりのお寺とは？
①矢田寺　②誓願寺　③本能寺　④誠心院

お地蔵さん

問題11　お地蔵さんをご本尊とする建礼門院ゆかりの寺院はどこでしょうか。
①鞍馬寺　②三千院　③寂光院　④長楽寺

問題12　お地蔵さんは、「六道」（ろくどう）の間を絶えず移動し、そこで苦しむ人々を救うといわれています。さて、次のうち六道に入らないのは？

第1章　社寺と文化財

問題13 お地蔵さんがよく右手に持っている持物のことを一般に何と呼びますか。

① 錫杖　② 尺杖　③ 宝珠　④ 法珠

☆

問題14 中世より地蔵信仰が盛んで古くは地蔵院とも呼ばれ、今もお地蔵さんをご本尊とする洛中のお寺は？

① 壬生寺　② 誓願寺　③ 千本釈迦堂　④ 平等寺

☆

問題15 地蔵菩薩への信仰心が厚く、戦の最中にあってもお地蔵さんの絵を好んで描いたといわれる武将は誰でしょう。

① 楠木正成　② 足利尊氏　③ 佐々木道誉　④ 新田義貞

☆☆☆

観音さん

問題16 その正式名称を「観音殿」という国宝の建造物は次のうち、どれでしょうか。

① 金閣　② 銀閣　③ 飛雲閣　④ 泰平閣

☆

問題17 千手観音像が、1001体並んでいるというお堂はどこでしょうか。

① 三十三間堂　② 千本釈迦堂　③ 真如堂　④ 永観堂

☆

問題18 観音菩薩と勢至菩薩が、三尊の両脇に控える場合、その真ん中にいらっしゃる仏様は？

① 釈迦如来　② 阿弥陀如来　③ 薬師如来　④ 大日如来

☆

問題13 ① 地獄道　② 餓鬼道　③ 陰陽道　④ 修羅道

7

問題19 33年に一度しか開扉されない清水寺のご本尊は次のうち、どの観音様でしょう。
① 千手観音　② 十一面観音　③ 不空羂索観音　④ 馬頭観音 ☆☆

問題20 慶派の仏師定慶が造ったという六観音像がすべて安置されているお寺は？
① 千本釈迦堂　② 東寺　③ 鞍馬寺　④ 六波羅蜜寺 ☆☆

問題21 西国三十三所巡りの対象寺院はすべて観音霊場です。次のうち三十三所に入っていないお寺は？
① 成相寺　② 穴太寺　③ 松尾寺　④ 安国寺 ☆☆

問題22 六角堂や隨心院のご本尊。片ひざを立て、手が6本、首を少し傾けた独特のポーズで有名な観音様は？
① 十一面観音　② 千手観音　③ 馬頭観音　④ 如意輪観音 ☆☆

問題23 「清水の舞台から飛び降りる」といいますが、記録上、実際に飛び降りた中で一番多い年代は？
① 10代〜20代　② 30代〜40代　③ 50代〜60代　④ 70代〜80代 ☆☆☆

問題24 毎年6月17日「観音懺法(せんぼう)」という観音菩薩へのざんげを営む法要を実施している禅寺は？
① 天龍寺　② 大徳寺　③ 相国寺　④ 建仁寺 ☆☆☆

モデル

問題25 泉涌寺(せんにゅうじ)観音堂。美人の誉れ高い観音像のモデルは、誰という伝説でしょうか。
① 楊貴妃　② 小野小町　③ 清少納言　④ 紫式部 ☆

第1章　社寺と文化財

問題26 平安神宮の朱塗りの楼門は平安京のある門の実寸の8分の5の門です。モデルとなったその門は？　☆

① 応天門　② 建礼門　③ 朱雀門　④ 羅城門

問題27 俵屋宗達の描いた「風神雷神図屏風」。絵画では北野天満宮の「北野天神縁起絵巻」を手本にしたという説がありますが、立体的な彫刻像としてモデルになったと伝わる風神、雷神像を安置するお寺は？　☆☆

① 建仁寺　② 東寺　③ 三十三間堂　④ 醍醐寺

問題28 嵯峨釈迦堂（清凉寺）は平安時代のある人物の別荘棲霞観がベースです。さて、「源氏物語」の主人公光源氏のモデルともいわれるその方とは？　☆☆☆

① 源高明　② 源融（とおる）　③ 源頼光　④ 源頼政

問題29 尾形光琳の「紅白梅図屏風」のモデルになったと伝わる梅の木はどの社寺にあるでしょうか。　☆☆

① 隨心院
② 下鴨神社
③ 梅宮大社
④ 北野天満宮

穏やかな表情で人々を魅了する泉涌寺観音堂の観音像。さて、モデルは？（泉涌寺提供）

【解説と答】

問題1　十三まいりで有名な嵐山のお寺は？

春夏秋冬、いつ見ても絵になる嵐山の風景。渡月橋からさらに南西の山に視線を移すと、山の中腹に緑色の銅板葺きの多宝塔が小さく見えます。そこが**法輪寺**（西京区）。十三まいりで有名なお寺です。毎年3月から5月の土曜・日曜ともなると、数え年で十三になる子供たちが親や祖父母に連れられて、法輪寺にやってきます。本尊の**虚空蔵菩薩**から智恵を授かるためです。本堂で祈祷を受ける前には自分の好きな漢字を一文字、紙に書いて奉納するのが最近の風習です。帰り際に**渡月橋**を渡る折、決して後ろを振り返ってはならないと子供たちは親に言われます。振り返るとせっかく授かった智恵が逃げてしまうのだといいます。

〔答　④法輪寺〕

問題2　仲源寺が面している通りとは？

仲源寺（東山区）という名よりも**「目疾地蔵さん」**（めやみ）という通り名の方が有名ですね。もともとは鴨川の氾濫を鎮めるために祈った「雨やみ地蔵さん」だったということですが、いつしか最初の一文字が取れて「めやみ地蔵さん」になり、眼病で悩む人たちの信仰を集めるようになりました。場所は南座から数えてほんの数軒め。四条通に面しています。八坂神社（東山区）にお参りする人も大勢立ち寄ったことでしょう。お寺では有名な地蔵菩薩像のほか、千手観音像が重要文化財に指定されています。

〔答　②四条通〕

問題3　水占いで有名なところは？

すべて水との縁が深い社寺です。何も書いていない紙を水に浮かべると文字が浮き出るという、ユニー

第1章　社寺と文化財

問題4　なおみくじが引けるのは**貴船神社**（左京区）です。その名も水占みくじが有名です。下鴨神社（左京区）には「源氏物語」にちなんだおみくじがあります。醍醐寺（伏見区）は醍醐水が有名です。

〔答　④貴船神社〕

問題5　酒造りに携わる人がよくお参りに行く神社はどこですか。

伏見稲荷大社（伏見区）は、酒どころ伏見にありますが、もともとは農耕神ともいわれる**宇迦之御魂神**以下五神を祀っています。賀茂別雷命をまつる上賀茂神社（北区）は厄をはらいにこられる人も多いようです。城南宮（伏見区）は転居や建築工事の安全、旅行安全などにご利益があるそうです。

松尾大社（西京区）にわき出る霊泉亀の井の水は酒を腐らせないという言い伝えがあります。

〔答　④松尾大社〕

問題5　頭痛平癒によいといわれるのは？

正式名は**楊枝浄水供**、俗に「**柳の御加持**」と呼ばれるこの祈祷は、三十三間堂（東山区）で毎年1月に実施されています。15日に一番近い日曜日。境内では有名な**通し矢**が催される日です。**湛慶**作の本尊、国宝千手観音坐像の前で、妙法院門跡門主が柳の枝についた水を参拝者にかけるというこの頭痛平癒の祈祷は、平安時代の末、頭痛に悩んでいたという**後白河法皇**の逸話が起源です。前世の自分が熊野で修行中に朽ち果てその頭蓋骨に柳が生え、風が吹く度、頭痛となって現世の法皇を悩ませたという話です。

〔答　①柳の御加持〕

問題6　世継ぎがほしい時のお参りは？

いずれの選択肢も「徳」の字がつく寺院です。上徳寺（下京区）は五条河原町にほど近い場所にあり、徳川家康の側室阿茶局と息女泰栄院の菩提を弔うために建てられました。寺名は阿茶局の法号**上徳院**に由来しています。境内には本堂のほか、「**世継地蔵**」と呼ばれるお地蔵さんを安置する地蔵堂が建ち、子授か

問題7 婦人病にご利益のあるお寺は？

りや子育てを願ってお参りした人たちのよだれ掛けの絵馬など、賑やかな雰囲気です。

京都駅を西へ歩いて約10分弱、堀川塩小路の交差点からさらに西へ100メートル。リーガロイヤルホテルの北西の方角に位置するこのお寺は**宗徳寺**（下京区）といい、昔から**「あわしまさん」**と呼ばれ、親しまれていました。粟嶋堂は紀州から勧請された淡島明神に由来しています。昔から安産や婦人病に特にご利益があるということで、大勢の女性がお参りをされました。俳人・画家として有名な**与謝蕪村**も娘の病気平癒を願って参拝し、その時に句を残しました。「粟嶋へはだし参りや春の雨」。

〔答 ①上徳寺〕

問題8 祇園祭の山鉾で、恋愛成就の山として知られているのはどの山でしょうか。

孟宗山は「筍（たけのこ）山」ともいわれます。木賊山は世阿弥作の謡曲「木賊」にちなみました。占出山、別名「鮎釣り山」は、神功皇后が戦いの吉凶を占うため、鮎を釣ったという故事に由来します。保昌山は平安時代の盗賊**袴垂（はかまだれ）**を感服させた**藤原保昌（ほうしょう）**と、宮中きっての女流歌人**和泉式部**のカップルを偲んだ山です。

〔答 ④保昌山〕

問題9 足腰が弱くなったおじいちゃんに孫がお守りを買うのは、どこがいいでしょうか。

足腰の痛みに悩む人々がお参りするのは、**和気清麻呂（わけのきよまろ）**とその姉、**和気広虫（ひろむし）**を祀った護王神社（上京区）です。上御霊神社（上京区）、下御霊神社（上京区）は早良親王をはじめ、非業の死を遂げた御霊を祀っています。梨木神社（上京区）は三條實萬（さねつむ）、實美（さねとみ）親子が祭神です。

〔答 ④護王神社〕

問題10 落語の祖として名高いお坊さんゆかりのお寺とは？

落語の祖、**安楽庵策伝（あんらくあんさくでん）**は江戸時代、誓願寺（中京区）に実在したお坊さんです。矢田寺（中京区）はお地蔵さんの縁起と、8月の送り鐘や12月のかぼちゃ供養でも知られます。本能寺（中京区）は信長が討たれた後、

第1章　社寺と文化財

問題11 お地蔵さんをご本尊とする建礼門院ゆかりの寺院はどこでしょう。

源義経や与謝野晶子で有名な鞍馬寺（左京区）は、どちらも大原に多い天台宗寺院です。「平家物語」の大原御幸のくだりで、後白河法皇がお忍びで建礼門院を訪ねたのが寂光院でした。建礼門院は長楽寺（東山区）で剃髪（髪をおろして仏門に入ること）した後、都から離れた洛北大原の静かな寺院で、子供を守ってくれる仏様に向かい、安徳天皇や平家一門の菩提を弔ったという話です。

〔答　③寂光院〕

問題12 「六道」に入らないのは？

「六道」とは生あるものが、悟りを得るまで、生まれ変わりを繰り返す6つの世界、地獄、餓鬼、畜生、修羅、人間、天のことです。地蔵菩薩はこの六道をテレポートしながら、救いを求める衆生に救いの手を差し伸べてまわります。俗に言う「地獄で仏」とは地蔵菩薩のことなのです。陰陽道は天文学や暦学などを併せた学問の一体系で、平安朝以降、朝廷でも重要視され陰陽寮という役所機関まで設置されていました。その陰陽寮に勤める役人を「陰陽師」と呼びました。賀茂保憲や安倍晴明らが有名どころです。

〔答　③陰陽道〕

問題13 お地蔵さんがよく右手に持っている持物を何と呼びますか。

お地蔵さんは右手に錫杖、左手に宝珠を持つのが一般的です。錫杖は僧侶たちが道を歩く際、頭部の円環部がこすれる金属音で、毒蛇や毒虫を追い払う効果と、杖の下部が地面を振動させることにより、地に這う小さな虫を殺生せずにすむという効果があるそうです。

13

問題14　古くは「地蔵院」とも呼ばれ、今もお地蔵さんをご本尊とする洛中のお寺は？

壬生寺（中京区）は、近藤勇の胸像や隊士の墓があることから新選組や、壬生狂言で有名な寺院ですが、もともとは地蔵信仰の盛んな庶民のお寺で、古くは地蔵院、あるいは宝幢三昧寺と呼ばれていました。信仰の対象だった定朝作の地蔵菩薩半跏像は、残念ながら、昭和37年（1962）の本堂火災で焼失しました。現在の本堂のお地蔵さんは、唐招提寺（奈良市）からこられた平安時代の地蔵菩薩立像で、重要文化財に指定されています。

〔答　①壬生寺〕

また宝珠は、摩尼宝珠、あるいは如意宝珠とも呼ばれ、無限のエネルギーをその中に秘め、どんな願い事も叶えてくれるという魔法の玉で、そのモデルは桃とも、蓮の蕾ともいわれています。

〔答　①錫杖〕

問題15　戦の最中にあってもお地蔵さんの絵を好んで描いた武将は誰でしょう。

尊氏が自ら端正な地蔵菩薩の絵を描き、人に与えたと伝えられます。彼の地蔵信仰は母親譲りであったらしく、綾部市の安国寺は母の出身であった上杉氏の領地で、尊氏はこの地で誕生したとされます。母は尊氏がお腹にいる間から、光福寺（現在の安国寺）の地蔵菩薩に安産を祈願していたという話です。また、南北朝の動乱の中、多くの戦いで心ならずも無数の命を奪ったこと、尊氏の地蔵菩薩信仰をより深いものにしたのかも知れません。

楠木正成は幼名が多聞丸であったことから毘沙門天（多聞天）に信仰を寄せていたとも考えられ、また地元河内の観心寺（河内長野市）は如意輪観音菩薩がご本尊なので、観音信仰があったかも知れません。佐々木道誉や新田義貞は尊氏と同じ源氏の流れを汲む武士ですので、八幡信仰があったと推測されます。

〔答　②足利尊氏〕

問題16　正式名称を「観音殿」という国宝の建造物は？

14

第1章　社寺と文化財

室町幕府第八代将軍、**足利義政**。政治よりも文化・芸術を好み、東山山荘を造営します。後の**慈照寺**（左京区）です。銀閣は、その山荘の持仏堂としての要素があったようで、中には観音菩薩が安置され、観音殿と呼ばれました。しかし、この銀閣は義政の死後に完成したもので、彼はこの中で心静かに観音菩薩に手を合わせることはなかったのです。

金閣（北区）は正式名を**舎利殿**(しゃりでん)といい、義政の祖父、義満が造営した北山山荘に建てられたものです。

飛雲閣(ひうんかく)は聚楽第の遺構ともいわれ、現在は西本願寺（下京区）の一角、**滴翠園**(てきすいえん)という名勝庭園の中にあります。

泰平閣(たいへいかく)は、平安神宮（左京区）東神苑にある池に渡された長い廊下状の建物で、もともと御所にあった建造物です。

【答　②銀閣】

問題17　千手観音像が、1001体並んでいるというお堂は？

蓮華王院(れんげおういん)（東山区）は建物の柱の間が33あることから、「**三十三間堂**」の名で親しまれています。中には金箔を施した千手観音立像千体と、中央に大きな千手観音坐像がいらっしゃいます。現在、東京国立博物館に3体、京都・奈良の国立博物館に1体ずつ出張されていますから、1001−5＝996体が安置されています。

実際についている手は42本で、2本は本来の手で、40本の手は1本につき25の働きをしてくれるので、40本×25で1000本分という合理的な計算式が隠されているのです。

【答　①三十三間堂】

問題18　観音菩薩と勢至菩薩が、三尊の両脇に控える場合、その真ん中にいらっしゃる仏様は？

観音菩薩と**勢至菩薩**(せいし)のボスは阿弥陀如来です。阿弥陀様は極楽浄土のオーナーで、その周りには多くの菩薩たちが控えていますが、有名なのが観音様と勢至様。観音様はこの極楽浄土でボスを補佐する役割のほか、人間界にも出張して、人々の苦しみや悩みの相談にも乗ってくれます。

15

問題19

人間は実に様々なニーズを観音様に願い出るので、これに対応するため、観音様は願いを叶えるいろんな種類の小道具を手に持たねばなりません。また、あちらこちらから願いを発信してくるので、360度あらゆる角度を見ている必要があります。もうおわかりですね。前者が千手観音、後者が十一面観音です。

〔答　②阿弥陀如来〕

清水寺のご本尊は、どの観音様でしょう。

清水寺(東山区)に限らず、千手観音の正式な名前は**「千手千眼観自在菩薩」**。千の眼のほかにそれぞれ一眼ずつ、千の眼を持ち、手の掌にまだ十一の顔をいただき、生きとし生けるものに慈愛の眼差しと救いの手を差し伸べてくれるスーパーマルチ菩薩です。

秘仏の場合、特別開扉が一定のリズムになっている場合が多く、清水寺は観音菩薩の33の姿に因んで、33年に一度の開扉です。前回は平成12年(2000)に半年以上お目見えでした。普段は厨子の中に安置され、前にはお前立ちといって、代理の観音様が立ってらっしゃいます。

2年後の平成14年(2002)、今度は奥の院の千手観音が243年ぶりの特別公開になっていました。

〔答　①千手観音〕

三千院往生極楽院の阿弥陀如来三尊像（三千院提供）

16

第1章　社寺と文化財

問題20　定慶が造ったという六観音像がすべて安置されているお寺はどこでしょうか。

運慶や快慶で有名な仏師の一大派閥、慶派。円派や院派が地盤を固めている京都では、当初新興勢力でしたが、次第に実力を認められ、重要な仕事を任せられるようになります。慶派の中で「定慶」という仏師は二人いたようですが、**大報恩寺**（千本釈迦堂、上京区）の六観音を彫ったのは「肥後別当定慶」と記されています。鎌倉時代に中国からもたらされた宋風の顔立ちが特徴で、鞍馬寺（左京区）の聖観音像もやはりこの定慶の作です。当時の人々からみればエキゾチックな雰囲気の観音様だったのではないでしょうか。

〔答　①千本釈迦堂〕

問題21　西国三十三所に入っていないお寺は？

成相寺（宮津市）は第28番札所。天橋立を眼下に見おろす絶好のビューポイントです。雪舟の国宝「天橋立図」にも描かれています。**穴太寺**（亀岡市）は第21番札所。本尊の聖観音像には、穴太寺の開基**宇治宮成**が仏師に向かって放った矢を、観音様が身代わりに受けたという伝説が残っています。**松尾寺**（舞鶴市）は第29番札所。本尊は馬頭観音坐像。毎年5月8日に行われる**仏舞**は足利尊氏ゆかりの寺で、釈迦三尊坐像を包んだ人たちが舞を披露する宗教儀礼です。**安国寺**（綾部市）は足利尊氏の母が安産を祈願したと伝わる木造地蔵菩薩半跏像で有名なお寺です。

〔答　④安国寺〕

問題22　観音様の中ではそのポーズが最も個性的なので、あまり仏像に詳しくない人でも、すぐに見分けがつきます。片膝を立て、手が6本、首を少し傾けた独特のポーズを本尊とし、片ひざを立てた足の組み方は**輪王座**という如意輪観音独特のスタイル。思惟のポーズは、どのようにして苦しむものたちを救おうか考えているのですが、初めてご覧になった人は、「何とぞんざいな！」、あるいは「何となまめかしい！」など、いろんな感想をもたれるようです。聖徳太子はこの如意輪観音に深

い信仰心があったといわれています。

問題23 清水の舞台から飛び降りた中で一番多い年代は？

清水寺の学芸員、横山正幸さんが「成就院日記」という記録を綿密に調べられたところ、記録の残っている江戸時代のある時期、149年間に234件の飛び落ち事件があったということです。未遂も含めての数ですが、一年間で1.6人の平均人数となります。飛び落ち自体は決して自殺ではなく観音菩薩への命懸けの願掛けだったようです。最年少は12歳、最高齢は80歳。男女比率は男性が女性の約2倍強で、驚くべきことはその年代です。なんと10代と20代で全体の約75％を占めます。清水寺の千手観音様は昔の若者にとっての「いのちの電話」的存在だったのかもしれません。

〔答〕④如意輪観音

問題24 「観音懺法(せんぼう)」という法要を実施している禅寺はどこでしょうか？

この日、早朝から相国寺(しょうこくじ)(上京区)一山の僧侶たちの唱えるお経は声明(しょうみょう)と呼ばれ、独特の節回しで、実に朗々と読み上げられます。ちまたに「相国寺の声明(しょうみょう)面(づら)」といわれるゆえんです。知らず知らずの間に犯した諸々の罪、一切合切を、方丈内に吊られた白衣観音図の前でざんげするという儀式です。「鳴き龍」とも呼ばれる狩野光信の蟠龍図(重要文化財)でも有名な相国寺ですが、本来の宗教的な儀式にも眼を向けてみましょう。

〔答〕③相国寺

問題25 泉涌寺(せんにゅうじ)観音堂の観音像のモデルは？

世界三大美人といえば、クレオパトラ、楊貴妃、小野小町。泉涌寺(東山区)の観音像は宋(中国)から伝来した像であったため、**楊貴妃観音**と呼ばれたのでしょう。伝説によると、唐の時代に、亡くなった楊貴妃を思い出すために玄宗皇帝が彫らせたものだとか。この楊貴妃観音は30年ほど前までは秘仏でしたが、現在は公開されており、美人祈願に訪れる女性も多いようです。

〔答〕①楊貴妃

第1章　社寺と文化財

問題26 平安神宮楼門のモデルとなった平安京の門は？

歴史上名高い放火疑惑事件**応天門の変**でも有名な門。大内裏の中、朝堂院の南に位置する正門です。朝堂院とは当時の官僚たちが仕事をしていた中央官庁群で、八つの省があったことから八省院とも呼ばれました。政務の場としての機能だけでなく、儀式や宴会場も兼ねていました。中央の正殿は**大極殿**といい、天皇がこられる時はここに座を設けていたといいます。平安神宮（左京区）の拝殿は大極殿をモデルに、8分の5の規模で再現しています。

建礼門は内裏、つまり天皇の住居群を取り囲む門の一つで、現在の御所の南に建っています。**朱雀門**は大内裏の正門。ここから南に延びる平安京最大の通りが**朱雀大路**です。**羅城門**は平安京全体の南の正門で、朱雀大路の南の端に位置します。

〔答　①応天門〕

問題27 「風神雷神図屏風」のモデルになったと伝わる彫刻の安置されているお寺は？

江戸時代の初め、**琳派**の代表格、**俵屋宗達**は後世に残る屏風絵を手がけます。教科書などでおなじみの「**風神雷神図屏風**」。風神と雷神は古代のインドの神々で、仏教に取り入れられてから、二十八部衆とともに千手観音の眷属（従者）となりました。今風に言えば「チーム・千手観音」でしょうか。千一体の圧倒的な写実的な鎌倉時代の**二十八部衆像**が残るのは、**三十三間堂**（蓮華王院、東山区）です。千一体の圧倒的な千手観音像の迫力に、二十八部衆像は押され気味ですが、リアルな表情は二十八部衆たちの独壇場です。宗達は観音像の視線で、真ん中の二十八体を取り払った構図を作り上げたのでしょう。

〔答　③三十三間堂〕

問題28 光源氏のモデルともいわれるその方とは？

皇族や貴族たちの離宮や別荘が後にお寺になるのは、時代を問わずよくある話でした。嵯峨天皇の嵯峨

19

離宮は大覚寺（右京区）に、亀山上皇の離宮禅林寺殿が南禅寺（左京区）に、後嵯峨上皇の亀山離宮が天龍寺（右京区）になりました。嵯峨天皇の皇子、源融の本宅は六条河原にあり、世に**河原左大臣**と呼ばれます。

別荘は**清凉寺**（右京区）となり、**嵯峨釈迦堂**の名で親しまれるようになりました。

〔答 ②源融〕

問題㉙ 「紅白梅図屏風」のモデルになったと伝わる梅の木のある社寺は？

長講堂阿弥陀三尊像（非公開。長講堂提供）

隨心院（山科区）、梅宮大社（右京区）、北野天満宮（上京区）。いずれも名だたる梅の名所です。しかし、常人離れした感覚の持ち主であった尾形光琳が選んだ梅のモデルは糺の森の賀茂御祖神社（左京区）、通称、下鴨神社だったようです。楼門を入り、右手奥に向かうと、**御手洗川**。輪橋の脇で光琳の梅が早春に花を咲かせます。御手洗川の流れがあの独特の川の曲線美となったのでしょう。

〔答 ②下鴨神社〕

> ちょっとアタマの整理

仏様の分類と所在地（京都府内の仏像）

如来

釈迦如来	戒光寺・千本釈迦堂・嵯峨釈迦堂・二尊院・蟹満寺・法園寺ほか
阿弥陀如来	平等院・法界寺・三千院・永観堂・長講堂・即成院・大行寺ほか
薬師如来	東寺金堂・神護寺・醍醐寺・六道珍皇寺・平等院・福徳寺ほか
大日如来	東寺講堂・智積院・醍醐寺・大覚寺・安祥寺・法観寺ほか

菩薩

観音菩薩	千本釈迦堂・法性寺・月輪寺・金戒光明寺・六波羅蜜寺ほか
地蔵菩薩	壬生寺・法金剛院・六波羅蜜寺・仲源寺・矢田寺・清和院ほか
虚空蔵菩薩	神護寺・観智院・広隆寺・法輪寺・嵯峨釈迦堂ほか
普賢菩薩	妙法院・勝林院・岩船寺・嵯峨釈迦堂ほか
文殊菩薩	金戒光明寺・智恩寺・仁和寺・嵯峨釈迦堂・大智寺・禅定寺ほか
弥勒菩薩	広隆寺・醍醐寺三宝院・金胎寺ほか

明王

不動明王	聖護院・三千院・東寺講堂・醍醐寺・遍照寺・同聚院ほか
軍荼利明王	東寺講堂・大覚寺・醍醐寺ほか
金剛夜叉明王	東寺講堂・大覚寺・醍醐寺ほか
降三世明王	東寺講堂・大覚寺・醍醐寺ほか
大威徳明王	東寺講堂・大覚寺・醍醐寺・地蔵院（宇治市）ほか
孔雀明王	（仁和寺・智積院に軸有り）
愛染明王	神護寺・西明寺・神童寺・正法寺・善峯寺・金剛心院ほか

天

毘沙門天	鞍馬寺・六波羅蜜寺・浄瑠璃寺・毘沙門堂・乙訓寺・誓願寺ほか
吉祥天	浄瑠璃寺・仁和寺・醍醐寺・鞍馬寺ほか
帝釈天	東寺講堂・仁和寺・醍醐寺・嵯峨釈迦堂ほか
梵天	東寺講堂・仁和寺ほか
阿修羅	三十三間堂・仁和寺ほか
弁才天	長建寺・六波羅蜜寺・護浄院・白雲神社・善峯寺ほか
大黒天	宝積寺・妙円寺・方広寺・円徳院・正法寺ほか
歓喜天	雨宝院・愛染院・護浄院・遍照寺ほか
韋駄天	萬福寺・泉涌寺・北観音山・禅宗寺院の庫裏ほか
摩利支天	禅居庵ほか
仁王	醍醐寺仁王門・峰定寺仁王門・光明寺（綾部市）二王門ほか
閻魔王	宝積寺・六道珍皇寺・千本閻魔堂・徳林庵・醍醐寺ほか

第2章　京の歳時記

三大祭

問題1　京都三大祭は葵祭・祇園祭・時代祭。このうち日本三大祭に入るのは？
① 葵祭　② 祇園祭　③ 時代祭　④ いずれも入らない

問題2　三大勅祭（勅命によって行われた祭）に入る京都三大祭は？
① 葵祭　② 祇園祭　③ 時代祭　④ いずれも入らない

問題3　京都三大祭のうち、先祭、後祭という巡行（行列）があった祭は？
① 葵祭　② 祇園祭　③ 時代祭　④ いずれも？

問題4　清少納言の「枕草子」にも登場します。当時、「祭」といえば？
① 葵祭　② 祇園祭　③ 時代祭　④ いずれでもない

問題5　発祥が古いとされる順に並んでいるのはどれでしょうか。
① 葵祭→祇園祭→時代祭
② 祇園祭→葵祭→時代祭
③ 祇園祭→時代祭→葵祭
④ 葵祭→時代祭→祇園祭

☆　☆　☆　☆　☆☆

22

第2章　京の歳時記

神事

問題6 御蔭祭と呼ばれる、新しい神の霊をお迎えする神事が行われる神社は？
① 上賀茂神社　② 下鴨神社　③ 八坂神社　④ 平安神宮
☆☆

問題7 白川女や大原女、桂女という京都ならではの女性の一行が登場する祭は？
① 葵祭　② 祇園祭　③ 時代祭　④ いずれでもない
☆☆☆

問題8 5月5日に2頭の馬が境内を駆ける「競馬」が行われるのはどの神社でしょうか。
① 上賀茂神社　② 下鴨神社　③ 城南宮　④ 藤森神社
☆

問題9 5月3日、馬上から矢を射る流鏑馬を行う神社はどこでしょうか。
① 上賀茂神社　② 下鴨神社　③ 城南宮　④ 藤森神社
☆

問題10 正月3日に王朝風俗に身を包んでかるた始めを行う神社はどこでしょうか。
① 平安神宮　② 八坂神社　③ 下鴨神社　④ 近江神宮
☆

問題11 京都三大奇祭に入らない祭は？
① やすらい祭　② 鞍馬の火祭　③ 太秦の牛祭　④ 八瀬の赦免地踊
☆

問題12 4月第2日曜、洛北の神社でやすらい祭が行われない神社は？
① 今宮神社　② 玄武神社　③ 建勲神社　④ 川上大神宮
☆

23

仏教行事

問題13 6月10日に伏見稲荷大社で行われる重要な神事とは？
① 早苗祭　② 五月満月祭　③ 御田植祭　④ 早乙女祭
☆☆

問題14 9月9日に上賀茂神社で開かれる烏相撲で、重陽の節句にちなんで参拝者に振る舞われるものは？
① 焼き餅　② 月見団子　③ すぐき　④ 菊酒
☆☆

問題15 9月上旬の八朔祭に合わせて、相撲が奉納される洛西の神社はどこでしょうか。
① 離宮八幡宮　② 長岡天満宮　③ 向日神社　④ 松尾大社
☆☆

問題16 7月25日のかぼちゃ供養で有名な鹿ヶ谷のお寺はどこでしょうか。
① 法然院　② 霊鑑寺　③ 安楽寺　④ 矢田寺
☆

問題17 8月7日から10日まで、迎え鐘や地獄絵、小野篁 伝説で有名なお寺は？
① 法観寺　② 西福寺　③ 六波羅蜜寺　④ 六道珍皇寺
☆

問題18 「花祭り」とも呼ばれる4月8日の行事はお釈迦様の何を祝うのでしょうか。
① 誕生　② 結婚　③ 出家　④ 悟りを開いたこと
☆

問題19 2月23日、醍醐寺では五大力尊仁王会という大きな仏事が執り行われます。金堂での法要の後、力自慢の男女が持ち上げるものとは？
☆☆

第2章　京の歳時記

問題20 五山送り火の正しい点火の順番はどれでしょう。 ☆☆

① 大文字→左大文字→船形＆妙法→鳥居形
② 大文字→妙法→船形＆左大文字→鳥居形
③ 大文字→妙法→船形→左大文字＆鳥居形
④ 大文字→妙法→左大文字＆船形→鳥居形

問題21 京都の初冬の風物詩の1つ、大根焚きはもともとは仏教色の強い行事です。実施していないお寺は？ ☆☆

① 千本釈迦堂　② 千本閻魔堂（えんま）　③ 三宝寺　④ 了徳寺

問題22 涅槃会（ねはんえ）に掛けられる涅槃図は、お釈迦様（釈尊）のご臨終の様子です。天から嘆き悲しむ女性が降りてくる場面が描かれていることがありますが、この女性とは誰でしょう。 ☆☆

① 釈尊の母　② 釈尊の妻　③ 釈尊の娘　④ 比丘尼（びくに）（女性の弟子）

節分

問題23 北野天満宮の節分祭で豆をまくのは、どこの花街の芸舞妓でしょう。 ☆

① 宮川町　② 先斗町　③ 祇園東　④ 上七軒

問題24 節分の前後、京都の民家の玄関先でよく見かけるものは何でしょう。 ☆

① 円すい形に小さく盛った塩
② イワシとヒイラギ
③ 逆さまに立てたほうき
④ 5体連なった赤いぬいぐるみ

問題20
① 鏡餅　② 米俵　③ 仏像　④ 庭石（藤戸石）

※訂正：問題20の選択肢は「① 鏡餅　② 米俵　③ 仏像　④ 庭石（藤戸石）」です。

問題25 鬼法楽と呼ばれ、3匹の鬼が登場する舞台が披露されるところはどこでしょう。
① 壬生寺　② 藤森神社　③ 千本釈迦堂　④ 廬山寺

問題26 節分のころに行われる壬生狂言で、参詣客が願い事を書いて奉納するものとは？
① 炮烙　② 土器（かわらけ）　③ 御幣　④ 絵馬

問題27 吉田神社や平安神宮の節分行事で有名な、鬼をはらう四つ目の道士とは？
① 方違氏　② 方相氏　③ 陰陽師　④ 摩多羅神

問題28 鬼の出入り口であるという伝説のある豆塚があったとされる洛北の池は？
① 大田の沢　② 宝ヶ池　③ 深泥池（みぞろがいけ）　④ 沢池

祇園祭の歴史と伝統

問題29 祇園祭は、次のどの神社の祭礼でしょうか。
① 平安神宮　② 北野天満宮　③ 八坂神社　④ 伏見稲荷大社

問題30 祇園祭は別名「何」祭と呼ばれるでしょうか。
① 鰻祭　② 鯖祭　③ 鮎祭　④ 鱧祭

問題31 7月24日の昼間に実施される行列を何というでしょうか。
① 還幸祭　② 後祭（あとのまつり）　③ 山笠巡行　④ 花傘巡行

第2章 京の歳時記

四つの目を持った鬼をはらう道士の名前は？
（平安神宮提供）

祇園祭宵山

問題32 祇園祭の期間中、祭事関係者が口にしないといわれている野菜は？
① キュウリ　② ナス　③ カボチャ　④ トウガラシ
☆

問題33 久世(くぜ)の駒形稚児だけに特別に許されることとは？
① 馬で境内に入る　② 官位を与えられる　③ 化粧ができる　④ 禿(かむろ)を引き連れる
☆☆

問題34 祇園祭宵山に灯る提灯のことを何と呼ぶでしょう。
① 傘形提灯　② 卵形提灯　③ 駒形提灯　④ 下駄形提灯
☆

祇園祭山鉾巡行

問題35 宵山の深夜、御旅所辺りまで出向く出囃子のことを何と呼ぶでしょう。
① 日和神楽　② 祭神楽　③ 石見神楽　④ 無言神楽

問題36 役行者山に祀られている役行者が開祖といわれているのは？
① 修験道　② 神道　③ 千日回峰行　④ 真言宗智山派

問題37 現在、休み山といわれている山はどれでしょうか。
① 布袋山　② 弁天山　③ 毘沙門山　④ 大黒山

問題38 宵山の日、新選組隊士等慰霊供養祭が実施される寺院はどこでしょうか。
① 壬生寺　② 金戒光明寺　③ 西本願寺　④ 誓願寺

問題39 宵山の期間しか販売されない期間限定の菓子は次のうちどれでしょうか。
① 行者餅　② あじゃり餅　③ 山伏餅　④ 州浜

問題40 川端康成作「古都」の中で、主人公が祇園祭に買いに行ったものは？
① 鱧寿司　② 鰻蒲焼き　③ 穴子寿司　④ 湯葉

問題41 宵山の日、南観音山で行われる珍しい行事とは？
① 暴れ観音　② 終い観音　③ 踊り観音　④ 納め観音

☆　☆　☆　☆☆　☆☆　☆☆　☆☆☆　☆☆☆

第2章 京の歳時記

巡行の大切な役目の一つ「屋根方」さん。その役目とは？

問題42 現在、巡行に参加している山鉾の総数は？
① 28基　② 32基　③ 36基　④ 40基　☆

問題43 山鉾巡行の順番を決めるくじ取り式は、現在どこで行われているでしょうか。
① 京都市役所　② 六角堂　③ 八坂神社　④ 京都商工会議所　☆☆

問題44 山鉾の愛称で間違っているのは？
① 郭巨山（かっきょ）―釜掘り山　② 占出山（うらで）―鮎釣山　③ 蟷螂山（とうろう）―かまきり山　④ 月鉾―洲浜鉾　☆☆

問題45 鉾の上に乗る屋根方の役目とは？
① 巡行速度の監視　② 障害物の監視　③ 空模様の監視　④ 囃子方の交代要員　☆☆☆

【解説と答】

問題1 京都三大祭のうち日本三大祭に入るのは？

日本三大祭は東京の**神田祭**、大阪の**天神祭**、そして、**祇園祭**。神田祭の代わりに山王祭を入れる場合もあるようです。

7月17日の山鉾巡行や前日の宵山などで有名な祇園祭は、7月1日の**吉符入り**で始まり、31日の疫神社の神事まで1か月間、様々な行事が行われます。また、山鉾に施される**懸装品**は重要文化財をはじめ貴重なものが多く、日本三大祭の一翼を担うのに十分です。

〔答 ②祇園祭〕

問題2 三大勅祭に入る京都三大祭は？

三大勅祭とは、奈良春日大社の**春日祭**、石清水八幡宮の**石清水祭**、上賀茂神社（北区）、下鴨神社（左京区）の**賀茂祭**（葵祭）です。葵祭は内裏（御所）を中心に神事が執り行われてきた官の祭でした。時代祭は平安建都1100年の記念に始まった、八坂神社（東山区）中心の祭事となり、山鉾関係は町衆が取り仕切るようになりました。祇園祭は最初のころは神泉苑で催され、朝廷が関与していたようですが、京都市民すべてが氏子と考えられた祭です。

〔答 ①葵祭〕

問題3 京都三大祭のうち、先 祭、後 祭という巡行があった祭は？

30数基（現在は32基）の山鉾が動く祇園祭の巡行は昭和41年（1966）に一本化される以前、道路事情などで**17日**に「先祭」、**24日**に「後祭」がありました。知名度の高い長刀鉾などが先の巡行に出たため、先祭に注目が集まったそうです。後の巡行にきた人々が、「ああ、今日は後祭か」と嘆いたことから、「後の

30

第2章　京の歳時記

まつり」という俗言が生まれたという説もあります。

問題4 清少納言の「枕草子」にも登場します。当時、「祭」といえば、葵祭の正式名は**「賀茂祭」**。昔は宮中での神事を終えて、神に仕える斎王が牛車に揺られ、上賀茂神社、下鴨神社に報告に行きました。これを路頭の儀と呼び、華麗な絵巻さながらの様子を見物したのは昔も今も同じです。「源氏物語」の**車争い**の場面でも大勢の人が見物していたことがうかがえます。〔答　②祇園祭〕

問題5 発祥が古いとされる順に並んでいるのはどれでしょうか。

葵祭の起源は平安京以前の欽明天皇（6世紀中ごろ）の御代。農作物が実らず、朝廷から賀茂の社に伺いをたてたということに起源を発すると伝えられています。

祇園祭は平安時代の初め、清和天皇の時代、貞観11年（869）に都をはじめ、国中で疫病が流行った際、**神泉苑**に66本の鉾を立てたという由来です。

時代祭は平安遷都1100年の翌年、**明治28年**（1895）10月25日に始まりました。翌年からは桓武天皇が長岡京から平安京に移られた日、10月22日になりました。〔答　①葵祭→祇園祭→時代祭〕

問題6 御蔭祭と呼ばれる、新しい神の霊をお迎えする神事が行われる神社は？

御蔭祭は、比叡山山麓の御蔭山より神霊を下鴨神社に迎える神事です。**御生神事**とも呼ばれていましたが、日本最古の神幸列が東山三十六峰の2番目、洛北上高野の御蔭山の麓だったことからこの名となりました。神馬に神霊を遷して本社に迎える古代の信仰形態を伝える祭として有名で、葵祭にさきがけて5月12日に行われています。〔答　②下鴨神社〕

問題7 白川女や大原女、桂女という女性の一行が登場する祭は？

一昔前までは「花いらんかえー」と、京の町中まで花を売りにくる**白川女**の姿がよく見られました。花

を御所に献上したり、町中で売り歩く白川女、鮎や瓜などを売り歩く桂女、薪などを売り歩く大原女、時代祭では、こうした女性たちを一度に見ることができます。

〔答 ③時代祭〕

問題8 「競馬」が行われるのはどの神社でしょうか。

5月5日の競馬会は平安時代半ば、寛治7年(1093)に始まりました。乗尻と呼ばれる騎手たちは神事の後、境内の芝生の馬場で競います。その様子は『徒然草』にも登場し、都人にとっては一大イベントでした。

〔答 ①上賀茂神社〕

問題9 流鏑馬を行う神社は?

『続日本紀』に「文武天皇二年(698)、賀茂祭(葵祭)の日に民衆を集めて騎射を禁ず」と記されるなど、葵祭の日に騎馬で行う射術に大勢の見物人が集まったため、3度も禁止令が出るほど有名でした。幾たびか断絶の危機にも見舞われましたが、昭和48年(1973)、下鴨神社式年遷宮の記念行事として、名称を**流鏑馬神事**と改め、百数年ぶりに復興しました。

〔答 ②下鴨神社〕

問題10 かるた始めを行う神社は?

八坂神社の祭神、**素戔嗚尊**が和歌の祖神とされていることから、毎年**正月3日**、日本かるた院本院が開いている行事が**かるた始め**です。かるた奉納、玉串奉奠の後、雅やかな装束をまとった姫により、優雅な

人馬が一体となって疾走する競馬会

第2章　京の歳時記

問題11　京都三大奇祭に入らない祭は？

中にも真剣味を帯びたかるた取りが始まります。

京都三大奇祭とは、一般にやすらい祭、鞍馬の火祭、太秦の牛祭を指します。やすらい祭は今宮神社（北区）が有名ですが、現在は4月第二日曜に玄武神社（北区）、川上大神宮（北区）でもほぼ同じ形式で実施されています。また5月15日には、上賀茂岡本やすらい堂（北区）からも出発します。また10月10日の牛祭は、太秦界隈と広隆寺（右京区）講堂が舞台となる、牛に乗った摩多羅神（またらしん）が主役の祭で、明治期に富岡鉄斎が復興しました（現在休止中）。また時代祭と同じ10月22日夜の、鞍馬の火祭は鞍馬寺ではなく由岐神社（左京区）の例祭です。鞍馬街道を多くの松明が夜中まで埋め尽くします。八瀬の赦免地踊（しゃめんちおどり）は10月の体育の日の前日（日曜日）に秋元神社（左京区）で催され、化粧をした男の子たちが灯籠を頭に載せ、租税免除の恩人、秋元但馬守に感謝したことが起源の祭です。

〔答　②八坂神社〕

問題12　やすらい祭が行われない神社は？

やすらい祭といえば今宮神社（北区）が有名ですが、玄武神社（北区）、川上大神宮（北区）でも同じ日に、また上賀茂やすらい堂だけは5月15日に実施されます。小鬼、赤鬼、黒鬼などにふんした氏子らが「やあす

〔答　④八瀬の赦免地踊〕

赤熊（しゃぐま）をつけた鬼が踊るやすらい祭

問題13 6月10日に伏見稲荷大社で行われる重要な神事とは?

らい、ヨーホイ」の掛け声とともに、髪を振り乱して舞い、桜やツバキで飾った大きな風流傘を掲げて町を練り歩きます。この傘の下に入ると、1年の厄を逃れ、無病息災で過ごすことができるといわれています。

【答 ③建勲神社】

御田植祭は五穀豊穣を祈願し、農耕神を祀った稲荷大社の本来の姿が示された祭です。本殿での神事の後、祭場は神田に移され、王朝文化をしのばせる御田舞が演奏される中を、菅笠姿の早乙女らが田植えを行います。秋に収穫された米は御料米として、神前に日々供えられるのです。

【答 ③御田植祭】

問題14 上賀茂神社の烏相撲で、重陽の節句にちなんで参拝者に振る舞われるものは?

重陽の節句(9月9日)は陽数が重なる縁起のよい日です。菊の節句とも呼ばれ、菊の葉の露を飲んで長寿をたもったという菊慈童にあやかり、古来よりこの日に菊の花弁や葉を浮かべ、お酒を飲んだといわれています。烏相撲では、本殿に菊花を供えて無病息災を祈願し、その花弁を浮かべた菊酒の接待があります。

【答 ④菊酒】

問題15 八朔祭に合わせて、相撲が奉納される洛西の神社は?

八朔祭は旧暦の8月1日、八朔の日に行われる行事が八朔祭です(現在、松尾大社では9月第一日曜)。万灯祭、盆踊り、太鼓、「二百十日」でもあるため、風雨安泰・五穀豊穣などを祈願し神事が行われます。八朔相撲は赤ちゃんから成人までのバラエティある相撲で、八朔相撲、六斎念仏、子供神輿、女神輿──。由来は、上賀茂神社の祭神賀茂別雷命が、父神という由来があり、逆に父神が息子に見せるために始めたという話もあり、お互い興味深い由来がうかがえます。上賀茂神社の烏相撲と共通する部分もあります。という説もある松尾大社(西京区)の祭神大山咋神に対して奉納したのが烏相撲

【答 ④松尾大社】

第2章 京の歳時記

問題16 かぼちゃ供養で有名な鹿ヶ谷のお寺はどこでしょう。

安楽寺（左京区）は春と秋の決められた日以外は一般公開されない非公開寺院です。毎年7月25日には京野菜でも有名な**鹿ヶ谷かぼちゃ**を参拝者にふるまいます（有料）。今から約200年前に中風除けにかぼちゃを仏前に供えたのが起源です。

〔答 ③安楽寺〕

問題17 六道珍皇寺（東山区）の**六道まいり**で有名なお寺は？

お盆を前に、ご先祖様を迎えるために鳴らすもので、境内からあふれるほどの行列ができます。期間中、本尊薬師如来像（重要文化財）が特別開扉されます。**小野篁像、閻魔像**が闇に照らされて、**地獄絵**の掛け軸が一部公開され、まるでこの世とあの世の端境の光景を見ているようです。

迎え鐘や地獄絵、小野篁伝説で有名な**小野篁**

〔答 ④六道珍皇寺〕

問題18「花祭り」はお釈迦様の何を祝うのでしょうか。

仏教用語では「**降誕会**」。右手を天に上げた誕生仏と呼ばれるお釈迦様に甘茶を注ぐ習わしは4月8日にお寺で見かけられる光景です。12月8日は**成道会**といい、お釈迦様が**菩提樹**の木のもとで悟りを開いた日。2月15日は**涅槃会**で、**沙羅双樹**の木の下で、お釈迦様のこの世での生のともしびが消えた日です。涅槃会は1か月遅れの3月15日に行われることもあります。

〔答 ①誕生〕

問題19 醍醐寺の五大力尊仁王会で、力自慢の男女が持ち上げるものとは？

「**醍醐の五大力さん**」という通称で知られるこの仏事は、五大堂で五大明王に国家安泰と万民豊楽を祈願した後、五大明王に力を奉納するため、巨大な鏡餅を何秒間持ち上げ続けることが出来るか、参加者はその時間を競います。男性は150キログラム、女性は90キログラム。最近は力自慢の外国人の参加も多いようです。また最近では午前中に近くの小学生たちによる餅上げも競われているそうです。賞品は巨大

問題20 五山送り火の正しい点火の順番はどれでしょう。

8月16日、お盆に戻ってこられたご先祖様のお精霊さんを再び冥府に送り届けるための明かりの道案内が送り火で、午後8時前からネオンや街灯も消灯協力が呼びかけられます。点火は、午後8時、如意ヶ岳「大文字」、同10分、松ヶ崎「妙法」、同15分、西賀茂船山「船形」・大北山「左大文字」、同20分、嵯峨鳥居本曼荼羅山「鳥居形」——の順番です。15分から30分ほど燃え続けます。単なる山焼きではないので、「大文字焼き」、「五山の山焼き」などといってはいけません。

〔答 ②大文字→妙法→船形＆左大文字→鳥居形〕

問題21 大根焚きを実施していないお寺は？

千本釈迦堂（上京区）の大根焚きは成道会とその前の日、12月7日、8日です。その前後に大根焚きを行っている寺は、覚勝院（右京区、11月23日前後）、三宝寺（右京区、12月第1土・日曜）、了徳寺（右京区、12月9日、10日）。三千院（左京区）では、節分の日に閻魔さんにちなんで舌の形のこんにゃくが炊きだされています。

〔答 ②千本閻魔堂 千本閻魔堂（上京区）〕

問題22 涅槃図で描かれる、天から降りてきて嘆き悲しむ女性とは？

2月の満月の夜、お釈迦様の臨終に、弟子や菩薩、諸天、動物たちまでもが集まってきました。天界にいた母の**摩耶夫人**まで駆けつけましたが、間に合わず、この世での生に幕を閉じられました。すべての涅

第2章　京の歳時記

問題23　北野天満宮の節分祭で豆をまくのは、どこの花街の芸舞妓でしょう。

上七軒（上京区）は京都五花街で最古の歴史を誇り、北野天満宮（上京区）と深いかかわりを持っています。天神さんでは室町時代に大掛かりな社殿の増改築があり、その折、余った木材で七軒の茶屋を建てたのが、上七軒の始まりといわれています。七本松通から天満宮の東門まで軒を連ねた花街の芸舞妓の姿が天満宮の諸行事でよく見られます。中でも **2月25日の梅花祭と節分**の豆まきは晴れやかな場で目を引きます。

〔答　④上七軒〕

問題24　節分の前後、京都の民家の玄関先でよく見かけるものは何でしょう。

匂いのきついイワシの頭と、葉がギザギザで触るとチクチクするヒイラギの葉で鬼を寄せ付けない、という思いが込められています。最近は少なくなったようですが、節分独特のこの風習も、京都の場合、他の地域より多く残っているようです。市場やスーパーでも節分のころにはちゃんと、イワシと太めの巻き寿司が並んでいます。巻き寿司は昭和50年代前後に全国的に広まった比較的新しい風習だとか。

〔答　②イワシとヒイラギ〕

問題25　**盧山寺**と呼ばれ、3匹の鬼が登場する舞台が披露されるところは？

盧山寺（上京区）の境内一面に仮設された舞台に3色の鬼が登場する大掛かりなステージです。松明（たいまつ）と剣を掲げた赤鬼は「貪欲（どんよく）」を、青鬼は斧を持って「怒り」を、そして黒鬼は槌（つち）で「愚痴」を象徴しているそうです。人間の持つ煩悩を表現した3匹の鬼に、そうした煩悩を焼き尽くすことが肝要と、教えられているような気がします。

〔答　④盧山寺〕

問題26
節分のころに行われる壬生狂言で、参詣客が願い事を書いて奉納するものとは？

壬生狂言は、2月初めの節分のころ、4月下旬、10月中旬の年3回あり、このうち節分参詣にきた人は、赤茶色の**炮烙**と呼ばれる土鍋に願い事を書いて奉納します。4月下旬の壬生狂言では、面をつけた演者がこの炮烙を舞台から勢いよく下に落としていくのです。その様子は土煙が上がるほどの迫力で、春の壬生狂言のハイライト、炮烙割りとして知られています。

〔答 ①炮烙〕

問題27
吉田神社や平安神宮の節分行事で鬼をはらう四つ目の道士とは？

中国の古い文献によると、**方相氏**と称する呪術師が、熊の皮をかぶり、四つの金色の目のついた面をつけ、黒衣に朱の裳をつけ、手に矛と盾をもって疫鬼を追い出したと記してあるそうです。日本では、平安時代の宮中で、陰陽師が祭文を読み、黄金の四つ目の面をつけた屈強な男が方相氏として矛と盾を持ち、その矛を地面に打ち鳴らしながら「鬼やらい、鬼やらい」といいながら宮中を歩き回ったという話です。

〔答 ②方相氏〕

問題28
正義の味方であるはずの方相氏が、追われる側の鬼にみなされたとの見方もあります。豆塚があったとされる洛北の池は？

壬生狂言のハイライト。願い事を書いて奉納された炮烙を次々に割っていきます（壬生寺提供）

第2章 京の歳時記

問題29 祇園祭はどの神社の祭礼でしょうか。

上賀茂に伝わる昔話です。深泥池（みぞろがいけ）（北区）のすぐそばにある穴は昔、貴船までつながっていたといわれています。その穴をつたって都に入ろうとしていた悪い鬼たちがいることに気が付いた人が、神様にお伺いをたてました。お告げは「炒った豆を升に入れて、その穴を埋めなさい。」村の衆たちは貴船神社の神様と一緒になって、持ち寄った豆を鬼に投げつけて穴を埋めました。その場所が後に豆塚、升を埋めたところが升塚と呼ばれるようになったそうです。

〔答 ③深泥池〕

問題30 祇園祭は別名「何」祭と呼ばれるでしょうか。

祇園祭は八坂神社（東山区）の祭礼です。祀る神様の代表格は有名な素戔嗚尊（すさのおのみこと）。天照大神（あまてらすおおみかみ）の弟です。この神が仏典にも登場する牛頭天王（ごずてんのう）と同一視されるようになりました。牛頭天王は釈尊ゆかりの祇園精舎の守護神でもあり、また古代の新羅でも祀られていました。病を広めて人を懲らしめ、そして疫病から人を守るという両面を持つとされる神様です。

〔答 ③八坂神社〕

京料理の夏の素材として欠かせないもののひとつがハモです。生命力の強いハモは海から遠い京都に運んできても生きていたので、昔から新鮮な魚介類として貴重でした。しかし、ほかの魚と比べて小骨が多く、食用には不向きといわれていたのです。そこで考え出されたのが、ハモの骨切りといわれる調理法。独特の骨切り包丁で、1センチの間に7〜8回切り目を入れていくという熟練の技によって、ようやくハモは人の口に入ることとなりました。ハモは梅雨の水を飲んで大きくなるとの言い伝えもあり、ちょうど祇園祭のころに旬を迎えるのです。

〔答 ④鱧（はも）祭〕

問題31 7月24日の昼間に実施される行列は？

昭和40年（1965）まで、山鉾巡行は2日間に分けて実施され、7月24日は後祭（あとのまつり）とされていました。

現在、この日の日中には、**花傘巡行**というあでやかな行列が見物できます。きれいな衣装を身にまとった花街の芸舞妓らが大きな傘のついた車に揺られ、市役所前や寺町通り、八坂神社前などを巡行し、沿道の見物客から喝采を浴びます。

【答 ④花傘巡行】

問題32 祇園祭の期間中、祭事関係者が口にしないといわれている野菜は？

キュウリを切った断面が八坂神社の紋に似ていることから、祇園祭の期間中、祭事関係者は口にしないといわれています。一番おいしい季節だけになんとも残念な話ですが、何事かを成就するためには、何かを断つという日本の風習にかなっているようにも思えます。

【答 ①キュウリ】

問題33 久世の駒形稚児だけに特別に許されることとは？

稚児といえば、山鉾巡行の先頭**長刀鉾**に乗る稚児が有名ですが、ほかにも**綾傘鉾の稚児、久世稚児**がいます。八坂神社にお参りする日がそれぞれ決まっており、綾傘鉾の稚児は7日、長刀鉾の稚児は13日です。

久世稚児は、南区久世の**綾戸国中神社**のご神体である馬の頭の形を模した駒形を身につけているため、**駒形稚児**とも呼ばれています。それゆえに稚児は神の化身、神そのものとみなされ、八坂神社の境内に、馬に乗ったままで入ることが許される八坂神社の境内に、馬に乗ったまま入ることが許されるのです。17日の神幸祭、24日の還幸祭には、中御座の神輿と馬に乗って同道します。

【答 ①馬で境内に入る】

問題34 祇園祭宵山に灯る提灯のことを何というでしょう。

駒形提灯とは提灯そのものの形をいうのではなく、数多くの提灯を駒形(将棋の駒の様な形)に配列することをいうようです。昔は蝋燭だったのですが、最近は専ら電灯です。しかしハイテクは進み、電球で蝋

第2章 京の歳時記

問題35
宵山の深夜、御旅所辺りまで出向く出囃子のことを何と呼ぶでしょう。

お囃子をしている鉾や一部の山では、翌日の巡行の無事を祈るため、宵山の深夜、出囃子といってお囃子の出張に出ます。行先は四条通寺町の御旅所まで。順路は直線コースとは限らず、それぞれが独自のコースで無事安全を祈ります。深夜11時から日にちが変わるころまでが見所です。長刀鉾のお囃子だけは、八坂神社まで出向きます。

【答 ③駒形提灯】

問題36
役行者が開祖といわれているのは？

『続日本紀』には**役小角（えんのおづぬ）**という名で登場する役行者は、7世紀末に葛城山にいて数々の伝説を残しています。そして彼は仏教と山岳信仰が結び付いた**修験道**の祖として信仰されています。伝説によると瞬間的に移動したり、鬼神を操ることもできたという話です。

【答 ①修験道】

問題37
現在、休み山といわれている山はどれでしょうか。

以前は「**焼け山**」と呼ばれ、大火事や戦争で焼失した山鉾のことを指します。最近では、休み山の装品の一部が発見されたりし、宵山で展示されています。そのような休み山が現在は3つあり、**大船鉾**、**鷹山**、**布袋山**です。いつの日か懸装品が揃えられ、協力する町衆たちが多数現れ、山鉾が復興すればまたひとつ祇園祭の魅力が増えるのではないでしょうか。

【答 ①布袋山】

問題38
宵山の日、新選組隊士等慰霊供養祭が実施される寺院は？

元治元年（1864）6月5日、新選組が世にデビューするきっかけとなった大事件、**池田屋騒動**が起こりました。池田屋で謀議を密談中の長州藩士たちを、近藤勇をはじめとする少数の新選組隊士たちが取り押さえた事件でした。この日がちょうど祇園祭の宵山の日であったとされることから、宵山の7月16

問題39 宵山の期間しか販売されない期間限定の和菓子は？

日午後、壬生寺（中京区）の壬生塚では慰霊祭が供養されます。しかし、新選組隊士に限った慰霊祭ではなく、敵味方関係なく幕末の激動期に命を落とした志士たちも一緒に供養しているのです。近藤勇の胸像が建った昭和46年から毎年供養祭は実施されています。

〔答 ①壬生寺〕

東大路通松原、大通りに面してその和菓子屋さんはあります。例年7月16日、柏屋光貞で宵山の一日だけしか販売されない幻の菓子で、予約をしないとありつけません。修験道で有名な聖護院（左京区）の行者さんたちの祈祷を受けた、いわれのある菓子なのです。求肥を使った簡素な菓子です。

〔答 ①行者餅〕

問題40 川端康成の「古都」の中で、主人公が祇園祭に買いに行ったものは？

宵山の夕刻、主人公の千恵子は湯葉半に行き、湯葉の八幡巻きと湯葉を買います。千恵子は御池通で今までに見たこともない奇麗な夕焼けに心打たれ、「こんなこともあるのやなあ、忘れんとこ」と、何やら仄(ほの)かな瑞兆を感じるのです。

〔答 ④湯葉〕

問題41 宵山の日、南観音山で行われる珍しい行事とは？

宵山の深夜、お囃子も終わり、午後11時ごろから準備が始められ、11時半になる前には始まります。南観音山の本尊 楊柳(ようりゅう)観音像を神輿に移して上から袋をかけ、落ちないように紐やテープで止めて一気に皆で神輿を担いで走り抜けるのです。そしてUターンしてまた戻ってくる。迫力あるこの珍しい行事もその由来ははっきりとはしておらず、ある町内の方によると、翌日の巡行では山の上で、翌日の巡行の無事を祈るためのものといわれていますが、これを三回繰り返す習わしです。窮屈な思いをする観音様にせめて前日の夜、ストレスを発散してもらうためにしているのだとか。

第2章 京の歳時記

問題42 現在、巡行に参加している山鉾の総数は？

元は巨大な鉾を行列に持って歩いたという祭事も、現在のような山車の形式になったのは南北朝時代のころからという説が一般的です。それ以降は各町内が山車の形式や装飾にそれぞれが趣向をこらすようになったようです。室町時代には50を越えたと推定される山鉾も応仁の乱や江戸時代の幾たびかの大火で焼かれ、その後徐々に復興され、現在は32基の山鉾が巡行に参加しています。

〔答 ①暴れ観音〕

問題43 くじ取り式は、どこで行われているでしょうか。

毎年7月2日に京都市役所の市議会本会議場で、祇園祭のくじ取り式が行われています。巡行の順番が固定されている「くじ取らず」と呼ばれる一部の山鉾は参加しませんが、毎年各山鉾町から代表者が集まります。注目されるのは「山一番」を引き当てた町内で、巡行の先頭を行くくじ取らずの長刀鉾の次に位置する栄えある順番です。なお、江戸時代には、くじ取りは**六角堂**（中京区）で行われていたようです。

〔答 ②32基〕

問題44 山鉾の愛称で間違っているのは？

郭巨山（かっきょ）は、郭巨が親を助けるために泣く泣くわが子を埋めようとしたところ、金で満たされた釜を掘り当てたという中国の故事が題材で、別名「**釜掘り山**」と呼ばれています。**占出山**（うらで）は神功皇后がカラクリ人形が戦の吉兆を占うために鮎を釣ったという故事から、別名「**鮎釣山**」ともいいます。巨大なカマキリのカラクリ人形が設けられた**蟷螂山**（とうろう）は「**かまきり山**」と呼ばれています。「蟷螂」とはカマキリのことです。「**洲浜鉾**」は**放下**（ほうか）鉾の別名で、鉾頭（鉾の先端）のデザインが洲浜に似ているところからつけられたニックネームです。

〔答 ①京都市役所〕

〔答 ④月鉾―洲浜鉾〕

問題㊺ 屋根方の役目とは？

お囃子を担当する**囃子方**、山鉾を引っ張る**曳き手**、山をかつぐ**舁き手**など、山鉾はいろんな役目の人々で成り立ちます。なかでも一番空に近いところにいるのが**屋根方**。大きな鉾では4人が役にあたり、巡行中ずっと屋根の上に待機しています。狭い通りで電線、電柱、民家の屋根と接触しないように調整する役目です。鉾にそびえる真木の揺れも見張ります。縁の下の力持ちならぬ屋根の上の何とやらですね。

【答 ②障害物の監視】

第3章　歴史上の人物たち

平安朝の女流歌人

問題1 小野小町ゆかりの謡曲で実際にないものは？
① 通小町　② 卒塔婆小町　③ 鸚鵡小町　④ 業平小町　☆

問題2 清少納言の歌碑がある東山の寺院はどこでしょうか。
① 泉涌寺　② 永観堂　③ 清水寺　④ 知恩院　☆

問題3 清少納言が仕えた定子は何天皇の中宮だったでしょう。
① 一条天皇　② 三条天皇　③ 朱雀天皇　④ 白河天皇　☆

問題4 「もの思へば沢の蛍もわが身よりあくがれいづる魂かとぞ見る」という歌を和泉式部が詠んだのは、どこでしょうか。
① 貴船　② 大原　③ 宇治　④ 八瀬　☆☆

問題5 小野小町伝説のひとつ、化粧水の石碑が立つところは？
① 四条西洞院　② 御池東洞院　③ 河原町蛸薬師　④ 東堀川一条　☆☆☆

問題6 和泉式部の驚くべき恋愛遍歴とは、次のうちどれでしょうか。
　①兄弟の親王ふたりと恋愛
　②一度に百通の恋文を貰う
　③天皇から求婚される
　④同時に求愛した公卿三人が決闘
☆☆☆

織田信長

問題7 信長が京や安土に造営を許可した「南蛮寺」とは？
　①宣教師に間借りを許した寺
　②カトリック教会
　③西洋建築方式で建てられた寺
　④得度した外国人のいる寺
☆

問題8 永禄11年（1568）に、信長とともに上洛を果たした将軍は誰でしょう。
　①足利義政
　②足利義輝
　③足利義栄
　④足利義昭
☆

問題9 信長を祀った神社は？
　①吉田神社
　②建勲神社
　③宗忠神社
　④護王神社
☆

問題10 信長から上杉謙信に贈られた「洛中洛外図屏風」の作者とされている画家は誰でしょうか。
　①狩野正信
　②狩野元信
　③狩野永徳
　④狩野山楽
☆☆

問題11 信長に関する記述が数多い「日本史」を書いたイエズス会の宣教師ルイス・フロイスの出身国は？
　①スペイン
　②ポルトガル
　③イタリア
　④オランダ
☆☆

第3章　歴史上の人物たち

豊臣秀吉

問題12　秀吉が洛中の周囲に造営した全長約23キロの土塁を何と呼ぶでしょうか。
①馬防柵　②御土居　③太閤坦（だいら）　④太閤塀

問題13　天正15年（1587）、秀吉が大茶会を盛大に催したのは、現在のどのあたりでしょうか。
①宇治　②北野天満宮　③大徳寺　④建仁寺

問題14　秀吉が都市計画を本格的に進めた伏見。城下町として、また港湾都市としてその後も発展を続けます。その伏見に発祥をもつものは次のうちどれでしょうか。
①金座　②銀座　③遊廓　④醸造所

問題15　秀吉の墓はどこにあるでしょうか。
①阿弥陀ヶ峰　②豊国神社　③新日吉神宮　④方広寺

問題16　秀吉が醍醐の花見で仕掛けた趣向とは何でしょうか。
①衣装三昧　②仮面舞踏会　③馬揃え　④美人コンテスト

☆　☆　☆☆　☆☆☆

徳川家康

問題17　家康は二条城で、成人した豊臣秀頼との会見に臨みます。この時、豊臣方から秀頼に付き添ってきた武将

は誰でしょうか。

①石田三成　②黒田長政　③福島正則　④加藤清正

問題18　家康が朝廷から征夷大将軍の宣下を受けたのはどこでしょうか。

①伏見城　②二条城　③南禅寺　④知恩院

問題19　家康の孫娘、和子が入内した天皇は？

①正親町天皇　②後陽成天皇　③後水尾天皇　④明正天皇

問題20　家康のブレーンといわれた金地院崇伝に贈られた国師号とは？

①聖一国師　②大明国師　③本光国師　④大燈国師

問題21　家康を祀る東照宮のある寺は？

①清水寺　②東本願寺　③南禅寺金地院　④青蓮院

問題22　家康が建てた学校を発祥とする寺院はどこでしょうか。

①正伝寺　②円通寺　③圓光寺　④詩仙堂

第3章 歴史上の人物たち

【解説と答】

問題1 小野小町ゆかりの謡曲で実際にないものは？

「通小町」はご存知、深草少将の百夜通いの伝説が題材に、婆の上に腰をかけて、僧と問答を交わすという内容。また「鸚鵡小町」は同じく年老いた小町が、天皇から歌を送られ、その歌の助詞の一文字のみを入れ替えて鸚鵡返しに返歌をしたというストーリーです。「卒塔婆小町」は年老いた小町が卒塔婆の上に腰をかけて、僧と問答を交わすという内容。「業平小町」という謡曲はなく、漢文で書かれた「玉造小町」という本に在原業平と小町の物語があるとのことです。

〔答 ④業平小町〕

問題2 清少納言の歌碑がある東山の寺院は？

現在の泉涌寺（東山区）付近には、清少納言の父である清原元輔の別荘があったということ、また仕えていた定子が眠る鳥戸野陵が近いことから、隠棲したという伝説もあって、昭和47年に歌碑が建ちました。歌碑には百人一首でも有名な「夜をこめて鳥の空音ははかるとも世に逢坂の関は許さじ」の歌が刻まれています。泉涌寺仏殿のすぐ隣です。

〔答 ①泉涌寺〕

問題3 清少納言が仕えた定子はいずれの天皇の中宮だったでしょう。

定子は、藤原道長の兄であり政敵でもあった藤原道隆の子です。入内したものの、父の死や兄伊周らの事件のため一時は出家しましたが、一条天皇の熱心な要請もあり還俗しました。しかし、道長の娘、彰子が入内し中宮となり、定子は皇后となります。史上珍しい一帝二后制です。政争の嵐に翻弄される日々を何かと慰めたのが清少納言でしたが、定子は天皇との間に親王や内親王を残し、25歳の若さで旅立ちます。

49

問題4　「もの思へば沢の蛍もわが身よりあくがれいづる魂かとぞ見る」という歌を和泉式部が詠んだのは？

「後拾遺集」にある和泉式部の歌ですが、これは式部が貴船川で詠んだだとされています。蛍の飛ぶ様を自分の恋心に重ね合わせた情熱のほとばしるような歌です。「後拾遺集」は式部の死後、白河天皇が編纂した勅撰和歌集ですが、この中で式部は並みいる歌人を差し置いて、最多の歌が採用されるという栄誉に浴しています。

その時の形見の歌が「後拾遺集」に残されています。「夜もすがら契りしことをわすれずは恋ひむ涙の色ぞゆかしき」。一条天皇への深い愛情が見て取れる秀歌です。

【答】①一条天皇

問題5　化粧水の石碑が立つところは？

小野小町の伝説は京都にも数多く残りますが、水や井戸に関する旧跡も多く、随心院（山科区）の「化粧の井」や東堀川一条の「草紙洗いの井」、深草欣浄寺（伏見区）の「姿見の井」などがあります。四条西洞院付近には小町の別宅があったとされ、「化粧水」の伝説が残ったのでしょう。西洞院通は平安時代は幅が広く、すぐ横に西洞院川も流れていました。荷物の運搬に水運として利用されていました。水を大量に用いる染屋さんも多かったとか。現在、「四条京町家」では、往時を偲ぶ西洞院川に通じていた地下水を汲み上げ、その水を蛇口から出すことも出来ます。

【答】①貴船

問題6　和泉式部の驚くべき恋愛遍歴とは？

恋多き歌人として、自由奔放に平安王朝を駆け抜けた和泉式部。最初の夫が橘道貞でこの人が和泉守であったことから、彼女はそう呼ばれるようになりました。有名な小式部内侍は二人の間に生まれた子です。

【答】①四条西洞院

50

第3章　歴史上の人物たち

問題7　「南蛮寺」とは？

子まで成した二人でしたが、和泉式部は夫の赴任地である和泉国には向かわずに都で過ごします。その時宮中で見初められた相手方が、弾正宮と呼ばれた為尊親王（ためたかしんのう）。ほどなく今度はその弟の敦道親王（あつみちしんのう）（帥宮（そちのみや））と恋に落ちます。しかし、この恋物語は親王の早逝で幕を閉じますが、またもや親王の逝去で死別しました。その直後に中宮彰子に女房衆の一人として仕え、数年後には藤原道長のはからいで、20歳ほども年上の藤原保昌と一緒になりました。

【答　①兄弟の親王ふたりと恋愛】

カトリック教会は礼拝堂の機能だけでなく、宣教師たちの住居、孤児院、病院などとしても活用されていたようです。岐阜や安土の城下にもあったとされ、信長は合戦で忙しい最中でも宣教師たちの面倒をよく見ていたようです。

また、南蛮寺のほか、修道士たちが築いたものが「セミナリヨ」です。もともとは神学校を意味するイエズス会の教育機関でした。聖職者を養成するほか、音楽や工芸なども教えたといわれます。

南蛮からの情報や文物に興味を持っていたせいでしょうか。都では四条坊門（現在の蛸薬師通烏丸西入）にあったとされ、現在は案内板が建つのみです。

【答　②カトリック教会】

問題8　信長とともに上洛した将軍は誰でしょう。

永禄11年（1568）夏、信長は岐阜の立政寺で足利義昭と会談しました。二人が手を組むよう画策したのは、明智光秀らです。秋には義昭と、岐阜・尾張の大軍勢を率いて、上洛を敢行しています。義昭は「流浪の将軍」とも呼ばれ、信長との戦に敗れた後は、自分の力を天下に示さんがためだったのでしょう。義輝の弟で、室町幕府最後の第十五代足利将軍です。毛利氏に身を寄せました。

【答　④足利義昭】

問題9 信長を祀った神社は？

建勲神社（北区）は船岡山にある神社です。正式名は「けんくんじんじゃ」ですが、通り名の「**たけいさおじんじゃ**」の方がよく知られています。信長が着用していたとされる**紺糸威胴丸**や、桶狭間の合戦で今川義元から勝ち取ったとされる戦利品といわれる太刀左文字、信長の一代記を記した「**信長公記**」が神宝として伝わります。いずれも現在は京都国立博物館に寄託中です。

〔答 ②建勲神社〕

問題10 信長から上杉謙信に贈られた「洛中洛外図屏風」の作者とされている画家は？

戦さ上手のゆえに信長から最も怖れられていた武将ともいわれる上杉謙信。その謙信との戦いを避けるため、信長はプレゼント作戦を展開します。いくつか贈呈したもののなかで、有名なのが「**洛中洛外図屏風**」。描いたとされるのは信長や秀吉に仕えた天才絵師**狩野永徳**。現存する永徳の数少ない真筆のひとつとされる見事な六曲一双の屏風は、その後上杉家に代々伝わり、現在は国宝に指定され**米沢市上杉博物館**（山形県）に保管されています。

〔答 ③狩野永徳〕

問題11 ルイス・フロイスの出身国は？

日本に初めてキリスト教を伝えた**ザビエル**はスペイン人でしたが、**フロイス**はポルトガル人です。両者

信長を祀る建勲神社（建勲神社提供）

第3章 歴史上の人物たち

ともカトリック系の**イエズス会**のメンバーでした。またフロイスと同じように、信長の厚遇を受け、南蛮寺やセミナリヨを精力的に建設したのが、**オルガンティーノ**や**バリニャーノ**でした。彼らはイタリア人です。

フロイスはザビエルより26歳も年下、信長よりは2歳上でした。日本などでの布教の記録「**日本史**」を執筆し、信長に関しての記述も多く残しました。その中で特筆すべきは、将軍義昭の二条御所を造営中、信長は自ら現場の陣頭指揮に立ち、男がふざけて通りがかりの女性をからかうのを見つけ、すぐさま駆け寄り一刀両断にした、という記述です。

〔答 ②ポルトガル〕

問題12 秀吉が洛中の周囲に造営した土塁を何と呼ぶでしょうか。

御土居(おどい)は、天下を統一した秀吉が天正19年(1591)、京の都市改造計画の一環として築いた土塁です。外敵の来襲に備える防塁、川の氾濫(はんらん)から市街地を守る堤防の役割とともに、「**京廻ノ堤**(きょうまわりつつみ)」という別称から推測されるように、洛中と洛外を明確にする意図があったようです。台形型の土塁と堀からなり、総延長約23キロ。東は鴨川、北は鷹峯、西は紙屋川、南は九条あたりに沿って築かれました。要所に設けられたいわゆる七口は、洛外との出入口になりました。現在も一部が10か所以上に残っており、そのいくつかが史跡に指定されています。

〔答 ②御土居〕

問題13 秀吉が大茶会を催したのは、どのあたりでしょうか。

世に言う**北野大茶湯**(おおちゃのゆ)です。天正15年(1587)10月1日、天下統一を目前にした秀吉は、北野天満宮(上京区)境内で、庶民も参加できる前代未聞の大イベントを開きます。**千利休**や**今井宗久**、**津田宗及**ら茶頭(さどう)たちに企画運営を任せて、茶の湯に心得のある武将たちにも茶席をしつらえるよう声を掛けました。自らも茶を点てて、来客に振る舞いました。しかし、肥後国(熊本県)で一揆が起こったとの知らせが入り、

問題14 伏見に発祥をもつものはどれでしょうか。

銀座といえばすぐに、東京の歓楽街を想像してしまいますが、本来の銀座とは江戸幕府直轄の銀貨の鋳造、発行所のことでした。秀吉没後、伏見城には家康が入り、その後も伏見の町は徳川幕府の保護の下、繁栄を続けます。

共通貨幣としての銀貨をつくる施設を、最初は駿府と伏見に置きましたが、後に大坂と長崎にも増設しました。しかし、約二百年後の寛政12年（1800）、不正事件が発覚し四か所とも廃止され、江戸一か所のみに再興されました。これが今の銀座です。そして明治2年（1869）、造幣局の設置とともにその役割を終え、地名だけが残りました。

〔答 ②銀座〕

問題15 秀吉の墓はどこにあるでしょうか。

秀吉の墓は東山七条を東へ上がった**阿弥陀ヶ峰**（東山区）に造営されました。洛中を一望できる絶景の場所です。**豊国廟**（ほうこくびょう）と呼ばれ、たどりつくまでには、長い石段を登らなくてはなりません。

豊国神社（東山区）、新日吉神宮（いまひえ）（東山区）、方広寺（東山区）はいずれもご近所で、豊臣氏とゆかりのある社寺です。豊国神社は秀吉を祀り、徳川時代には荒廃しましたが、明治になって現在地に復興されました。

通称女坂を上って、さらに階段を500段。秀吉が葬られた豊国廟があります

第3章 歴史上の人物たち

問題16
秀吉が醍醐の花見で仕掛けた趣向とは？

亡くなる半年前の慶長3年（1598）春、イベント好きの秀吉は大掛かりな花見を企画します。世にいう「**醍醐の花見**」です。下見準備には自らも足を運び、700本の桜を植えたといいます。北政所や淀殿をはじめ正妻、側室、彼女たちをとりまく女性陣を多数招待するという、華やかな花見でした。女性の数だけで1300人であったといわれています。それらの女性一人につき3着の衣装を用意させ、花見の途中にお色直しをさせたといいます。

〔答 ①衣装三昧〕

問題17
秀頼に付き添ってきた武将とは？

慶長16年（1611）、二条城の御殿で、家康と**豊臣秀頼**が会見しました。大御所と呼ばれていた家康からの上洛要請に、淀殿ら大坂方は拒絶の態度を露にします。しかし、それを口実に豊臣家が潰されると危機感を抱いた**加藤清正**らは、自らが秀頼に同行することを条件に、周囲に上洛を説得しました。

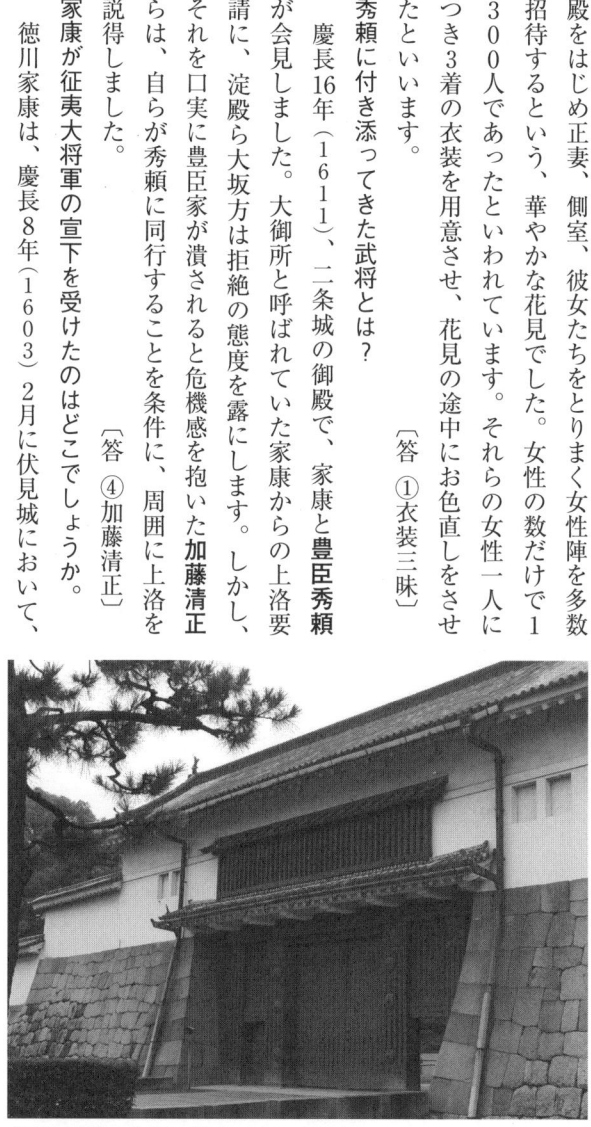

〔答 ④加藤清正〕

問題18
家康が征夷大将軍の宣下を受けたのはどこでしょうか。

徳川家康は、慶長8年（1603）2月に伏見城において、

（※本文冒頭）方広寺は豊臣と徳川の因縁の対決、大坂冬の陣のきっかけとなった**国家安康の鐘**が境内の鐘楼に吊るされており、大みそかには除夜の鐘としてつかれています。

〔答 ①阿弥陀ヶ峰〕

家康の威勢を京都に見せつけた二条城

55

朝廷より征夷大将軍の宣下を受け、3月に竣工まもない二条城に入城しました。大坂方にとっては不本意なことでしたが、その時点では成すべきもなく、老齢の家康が衰えるのを待つしかなかったことでしょう。引き続き将軍に就任した家康は、室町幕府以来の慣例に基づく**拝賀の礼**を行うため、御所への行列を発し、引き続き二条城において重臣や公家衆を招いて将軍就任の祝賀の儀を行いました。

〖答 ①伏見城〗

問題19 和子が入内した天皇は？

徳川家から朝廷に輿入れした和子は秀忠の娘で、家光や千姫らの妹ですから、家康の孫娘です。元和6年（1620）、数え年で14歳の時です。いわゆる政略結婚でした。和子は4年後には中宮となり、その2年後、天皇とともに二条城に行幸しました。里帰りが許されない和子にとって父や兄たちとの再会の時でもあったのです。葵と菊の狭間で彼女の心はどう揺れていたのでしょうか。後の世では**東福門院和子**という名で知られています。

〖答 ③後水尾天皇〗

問題20 金地院崇伝に贈られた国師号とは？

徳川家康の政治的ブレーンでもあり、「**黒衣の宰相**」とも呼ばれた**金地院崇伝**は、南禅寺（左京区）の二七〇世住持でもあり、後に**本光国師**と呼ばれました。**閑室元佶**（三要）や京都所司代の**板倉勝重**らとともに、主に寺社や朝廷に対する政治を任され、「寺院法度」「武家諸法度」「禁中並びに公家諸法度」などの制定に大きく関与しました。「本光国師日記」は、慶長15年（1610）から寛永10年（1633）までの23年間の記録で、書状の写しが多く、当時の幕府が朝廷や寺社に対して行った政策を知る上で貴重な資料になっています。

〖答 ③本光国師〗

問題21 家康を祀る東照宮のある寺は？

金地院崇伝は、洛北から金地院という寺を南禅寺境内に移し塔頭寺院としました。本堂である方丈は南

第3章 歴史上の人物たち

禅寺本坊と同様、伏見城から移築されました。また、方丈前に広がる枯山水の名庭**鶴亀の庭**は、親交のあった、当代きっての普請奉行であり作庭家、**小堀遠州**とその弟子**賢庭**の作といわれています。江戸幕府の将軍をはじめ、大名たちとも親交のあった崇伝が家康を祀るために、東照宮を造営させたとしても不思議ではありません。

〔答 ③南禅寺金地院〕

問題22 家康が建てた学校を発祥とする寺院は？

圓光寺（左京区）は現在、詩仙堂にほど近い一乗寺にありますが、もとは徳川家康により、慶長6年（1601）、伏見に建てられました。国内教学の発展を図るため、足利学校から**閑室元佶**（かんしつげんきつ）を招き、圓光寺を学校としました。圓光寺学校が開かれると、僧俗を問わず入学を許し、多くの書籍を刊行し、これらの書物は**伏見版**または**圓光寺版**と称されました。寺には、出版に使用された木活字が今も残り、わが国出版史上、特筆すべき寺院であるといえます。

〔答 ③圓光寺〕

第4章 伝説・物語の世界

大江山伝説

問題1 大江山の鬼たちが都の姫をさらったという平安時代の伝説は、いずれの天皇のころの物語でしょうか。
① 嵯峨天皇　② 一条天皇　③ 三条天皇　④ 陽成天皇　☆

問題2 一条戻橋で渡辺綱に片腕を切り落とされた鬼の名は？
① 酒呑童子　② 茨木童子　③ いしくま童子　④ かね童子　☆

問題3 大江山に鬼退治に向かった源頼光ですが、頼光四天王に入らないのは誰でしょう。
① 渡辺綱　② 卜部季武（うらべのすえたけ）　③ 坂田金時　④ 藤原保昌（ほうしょう）　☆

問題4 大江山伝説を描いた絵巻物のうち、最古の「大江山絵詞（えことば）」を所蔵しているのは？
① 逸翁（いつおう）美術館　② 根津美術館　③ 国上寺　④ サントリー美術館　☆☆☆

御霊・怨霊伝説

問題5 大自在天（天神）と称され、都に猛威を振るった菅原道真が亡くなった地は？　☆

58

第4章 伝説・物語の世界

問題6 長岡京のころ、桓武天皇の弟で、藤原種継暗殺の容疑をかけられ、幽閉先で身の潔白を証明しようと食を断ち亡くなった方は？

① 壱岐　② 隠岐　③ 太宰府　④ 長岡　☆

問題7 菅原道真が雷神となって雷を落としたとされる内裏の殿舎は？

① 山辺親王　② 早良（さわら）親王　③ 伊予親王　④ 惟喬（これたか）親王　☆

※ （問題7の選択肢は下記）
① 仁寿殿　② 綾綺殿　③ 紫宸殿　④ 清涼殿　☆

問題8 保元の乱で敗れ、四国に流されて御霊となったといわれる崇徳天皇が祀られている神社は？

① 白峯神宮　② 白雲神社　③ 白山神社　④ 白髭神社　☆

問題9 「源氏物語」に登場する女性で、生き魂（生きながらの怨霊）となった人は？

① 空蝉　② 夕顔　③ 葵上　④ 六条御息所　☆☆

問題10 安倍晴明が貴族たちに強要され、葉に霊力を吹き込み、カエルを殺したという場所は？

① 大覚寺　② 東寺　③ 遍照寺（へんじょうじ）　④ 神泉苑　☆☆

源氏物語

問題11 「源氏物語」は全編で五十四帖（じょう）の長編小説です。終盤の宇治に関するシリーズは何帖でしょうか。

① 七帖　② 十帖　③ 十二帖　④ 十五帖　☆

59

問題12 作者、紫式部の邸宅跡とされる寺町通沿いの寺院は？
①清浄華院　②雲林院　③蘆山寺　④行願寺

問題13 光源氏が母親の面影を求めて、思いを寄せた女性とは誰でしょうか。
①桐壺更衣　②藤壺中宮　③弘徽殿女御　④六条御息所

問題14 光源氏が最初に正式な結婚をした相手は誰でしょうか。
①夕顔　②葵上　③明石君　④紫上

問題15 「雨夜の品定め」で光源氏や頭中将たちが宮中の宿直所で品定めをした対象とは？
①着物　②香　③恋文　④女性

問題16 光源氏が自分の愛する人たちが暮らせるように造営した邸宅を何と呼んだでしょうか。
①内裏　②東三条院　③二条御所　④六条院

問題17 光源氏の母が若くしてこの世を去り、荼毘に付されたという愛宕とは、現在のどの社寺の周辺でしょうか。
①六道珍皇寺　②愛宕神社　③愛宕念仏寺　④化野念仏寺

60

第4章 伝説・物語の世界

【解説と答】

問題1 大江山伝説は、いずれの天皇が在位のころの物語でしょうか。

ころは**一条天皇**の御時でした。魑魅魍魎か、盗賊か、夜な夜な洛中に出没して、都に住む貴族の娘たちを誘拐する事件が勃発します。これに業を煮やした時の権力者、**藤原道長**は、陰陽師の第一人者である**安倍晴明**に真相を解明するよう依頼しました。大江山に住む**酒呑童子**を棟梁とする鬼たちが誘拐事件の首謀者だとわかったのです。

〔答 ②一条天皇〕

問題2 一条戻橋で渡辺綱に片腕を切り落とされた鬼の名は？

酒呑童子の息子とも、右腕ともいわれる**茨木童子**は時折、単独で人の姿に化けて都に出没していました。その折、**渡辺綱**という武士に正体を見破られ、戦いの末、片腕を切り落とされたと伝わっています。綱はその片腕を祈祷した上で自宅に置き、誰も近づけないようにしていました。しかし、育ての親ともいわれる乳母が訪ねてきて、「冥土の土産に、鬼の腕を見せてくだされ」と頼まれました。仕方なく、鬼の腕を見せたところ、乳母は茨木童子に姿を変えて腕を持ち去りました。まんまと鬼にいっぱい食わされたのです。

〔答 ②茨木童子〕

問題3 頼光四天王に入らないのは誰でしょう。

武勇の誉れが高い**源頼光**の部下に、知勇兼備の将が4人いました。それが**渡辺綱、卜部季武、坂田金時、碓井貞光**です。中でも金時は幼名を金太郎といい、足柄山の出身です。そうです。あの昔ばなしで有名な金太郎さんなのです。

藤原保昌は平井保昌ともいい、藤原道長の家司で、盗賊の袴垂（はかまだれ）を感服させたほどのつわものでした。おそらく道長が助っ人として、頼光の一行に加えたのでしょう。保昌は恋多き女流歌人、和泉式部の最後の夫としても知られます。

〔答 ④藤原保昌〕

問題4 最古の「大江山絵詞（えことば）」を所蔵しているのは？

阪急電鉄の創始者小林一三のコレクションを集めた**逸翁美術館**（大阪府池田市）にある「**大江山絵詞**」は、室町時代初期の作とされ、大江山伝説を描いた絵巻物関係で現存する最古のものとされています。ほかにも酒呑童子の故郷のひとつとされている国上寺（こくじょうじ）（新潟県燕市）には全3巻の「酒呑童子絵巻」が伝わっています。**サントリー美術館**（東京都港区）には室町時代後期の有名な画人、狩野元信作と伝わる「酒呑童子絵巻」が所蔵されています。

〔答 ①逸翁美術館〕

問題5 菅原道真が亡くなった地は？

都で宇多天皇の信任も厚く、行政改革にも取り組んでいた**菅原道真**は、藤原時平らの陰謀により、**大宰権帥**（だざいごんのそち）という役職に左遷されました。九州の**太宰府**（現在の福岡県太宰府市）に旅立つ時に、道真邸の紅梅殿（現在の北菅大臣神社、下京区）で詠まれたのが「**東風吹かば匂いおこせよ梅の花主無しとて春な忘れそ**」という有名な歌です。また、その歌に詠まれたお気に入りの梅の木が、自分を慕ってくれた道真の後を追って飛んでいったという「**飛び梅**」伝説も残っています。

〔答 ③太宰府〕

問題6 藤原種継（たねつぐ）暗殺の容疑をかけられ、幽閉先で食を断ち亡くなった方は？

都がまだ長岡京にあったころ、造長岡使の重職にあった**藤原種継**が暗殺されました。嫌疑を向けられたのは、桓武天皇の同母弟でもあった**早良親王**（さわら）。身の潔白を証明しようとした早良親王は食を断ち、淡路に流される途中で命を落とします。

第4章 伝説・物語の世界

権謀術数が渦巻く新都造営の最中、何が起こったのか、事件の真相は闇の中です。桓武天皇は弟の怨霊を恐れて建設途上の長岡京を捨て、平安京遷都を決意したともいわれています。都が移されてまもなく上御霊神社（上京区）などに早良親王は祀られることとなりました。

〔答 ②早良親王〕

問題7 菅原道真が雷神となって雷を落としたとされる内裏の殿舎は？

太宰府で失意のうちに亡くなった道真は雷神となって都に戻り、すさまじいパワーで都の人たちを恐怖に陥れます。この様子は北野天満宮（上京区）などに伝わる「北野天神縁起絵巻」に詳しく描写されています。なかでも有名なのが清涼殿落雷。清涼殿とは主に天皇の生活エリアで、大臣クラスの貴族たちが御機嫌伺いにくるところでした。猛威を振るった道真の怨霊をなだめようと建てられたのが北野天満宮です。

〔答 ④清涼殿〕

問題8 崇徳天皇が祀られている神社は？

数奇な出生が、崇徳天皇の運命を翻弄しました。父であるはずの鳥羽天皇からは「叔父子（おじご）」と呼ばれていたといわれます。鳥羽天皇の后となった賢門院璋子（けんもんいんたまこ）は、天皇の祖父である白河上皇の子を身ごもっていたと噂されたからです。このため生まれた皇子（後

政争に巻き込まれた桓武天皇の弟も祀られている
上御霊神社の御霊祭（上御霊神社提供）

の崇徳天皇）は鳥羽天皇から疎まれました。崇徳天皇は後に、**保元の乱**に敗れ、讃岐に流されたのです。

〔答 ①白峯神宮〕

問題9　「源氏物語」に登場する女性で、生き魂となった人は？

「源氏物語」に登場する怨霊が、**六条御息所**です。光源氏に限りない愛情を寄せますが、それがかなわぬと知るや、恨みから生き魂となり、当時の正妻、葵上をのろい殺してしまいます。〔答 ④六条御息所〕

問題10　安倍晴明が葉に霊力を吹き込み、カエルを殺した場所は？

貴族らは、「呪術が使えるなら木の葉であのカエルを殺してみせろ」と、からかい半分で晴明にけしかけました。戯れに命を奪うことはできないと固辞する晴明に、仕方なく晴明は、式神を使って木の葉に命を吹き込み、庭にいたカエルを殺したという場所は？ 嵯峨広沢の池の辺りに立つ**遍照寺**（右京区）での出来事です。

〔答 ③遍照寺〕

問題11　「源氏物語」五十四帖（じょう）のうち、終盤の宇治に関するシリーズは何帖でしょうか。

光源氏の息子**薫**（かおる）や孫にあたる**匂宮**（におうのみや）、つまり、次世代の人物たちが主人公となる第3部最終章。物語の舞台が宇治へと移ることから「**宇治十帖**」と呼ばれています。「橋姫」「宿木」「浮舟」「蜻蛉」「夢浮橋」という巻名に因んだ石碑や小道が宇治橋周辺にあり、平成10年（1998）には**源氏物語ミュージアム**という博物館もオープンしました。

〔答 ②十帖〕

問題12　紫式部の邸宅跡とされる寺院は？

藤原道長が造営した大寺院、**法成寺**が当時の内裏の北東の方角、現在の京都御苑（上京区）の東側辺りにあったとされています。紫式部の邸宅はその南側にあったといわれ、現在の寺町通今出川を下がったとこ

第4章　伝説・物語の世界

ろ、ちょうど梨木神社（上京区）のすぐ東周辺といわれています。これにちなんで廬山寺（上京区）には源氏庭と名付けられた庭園があり、思いを寄せた女性を出迎えてくれます。

光源氏が母親の面影を求めて、思いを寄せた女性とは？

光源氏の父である桐壺帝は、母である桐壺更衣が亡き後に、彼女に瓜ふたつの顔立ちの女性、藤壺に思いを寄せました。あまたいた女性たちの中でも特に桐壺更衣を寵愛した結果、宮中内のイジメが原因で命を縮めさせてしまったようなものですから、後悔の念も強かったことでしょう。それだけにまるで桐壺更衣が生き返ったかのような藤壺に愛情を注ぐ帝、もまた当然の成り行きだったのかも知れません。藤壺の名は、坪庭に藤の花が植えてあった殿舎に由来しています。

〔答　③廬山寺〕

〔答　②藤壺中宮〕

問題13

問題14

光源氏が最初に正式な結婚をした相手は？

父は左大臣、母は桐壺帝の妹。光源氏の妻として申し分ない高貴な家柄の生まれです。つまり葵は源氏よりも4歳年上、いわゆる姉さん女房でした。結婚した時は源氏12歳、葵は16歳。つまり葵は源氏の小舅となります。源氏は若かりしころ、彼らと宿直所で、どのような女性が一番かという談議に花を咲かせました。頭中将は自分が通った一人の女性について、熱のこもった話をし、源氏もその女性に興味をひかれます。その女性が夕顔でした。

〔答　②葵上〕

問題15

「雨夜の品定め」で品定めをした対象とは？

源氏にとって、私生活ではよき友であり、公の場ではよきライバルであった頭中将。葵上との結婚後、葵の兄でもあった中将は源氏の小舅（こじゅうと）となります。源氏は若かりしころ、彼らと宿直所で、どのような女性が一番かという談議に花を咲かせました。頭中将は自分が通った一人の女性について、熱のこもった話をし、源氏もその女性に興味をひかれます。その女性が夕顔でした。

〔答　④女性〕

65

問題16 光源氏が造営した邸宅を何と呼んだでしょうか。理想郷ともいえるでしょう。円熟した源氏は大きな邸宅を春夏秋冬4つに区分けして、自分の愛する女性たちを集めてそれぞれ不自由のない暮らしをさせました。そんな夢の住まいが**六条院**です。それぞれ独立した建物群と庭を持ち、大きな邸宅がそれぞれお隣同士にあったということです。南東の春のエリアには**紫上**、北東の夏のエリアには**花散里**、南西の秋のエリアには**秋好中宮**、北西の冬のエリアには**明石君**。源氏と特別な関係にあった女性たちをこの大邸宅に集めたのです。源氏35歳の秋のことでした。

〔答 ④六条院〕

問題17 愛宕とは現在のどの社寺の周辺でしょうか。

光源氏を残し、若くしてこの世を去った桐壺更衣。物語では、人知れず現在の**六道珍皇寺**（東山区）の辺り、愛宕で荼毘に付されました。**小野篁 伝説**や**六道まいり**で有名なこの地が「源氏物語」に登場することをご存知の方は少ないのではないでしょうか。紫式部も参詣にきたことがあるかもしれません。

〔答 ①六道珍皇寺〕

第5章　京の食文化

第5章　京の食文化

京料理

問題1　懐石料理は本来どのような席で食べる料理でしょうか。
①寺院の法事　②茶事　③御所の宴席　④武士たちの饗宴　☆

問題2　式包丁という古来の作法にのっとった包丁さばきを披露する儀式を神事に組み入れている神社はどこでしょう。
①貴船神社　②福王子神社　③上御霊神社　④松尾大社　☆

問題3　京料理によく素材として使われる「ぐじ」とはどんな魚？
①アユ　②サバ　③アマダイ　④サワラ　☆

問題4　京都人が祭の時に好んで食べる鯖寿司ですが、一般に脂がのって一番おいしいといわれる季節は？
①春から夏　②夏から秋　③秋から冬　④冬から春　☆☆

問題5　雲片（うんぺん）・麻腐（まふ）・笋羹（しゅんかん）など、それぞれの料理に独特の名前がつく料理は？
①鉄鉢料理　②普茶料理　③湯豆腐会席　④卓袱（しっぽく）料理　☆☆

67

問題6　京都には川風に涼みながら料理を楽しめるエリアが何か所かあります。鴨川の床でほとんどのお店が張り出している細い川は？

① 高瀬川　　② 紙屋川　　③ 明神川　　④ 禊川

☆☆☆

京菓子

問題7　ひとつひとつが手作りで、季節によって様々な形や色を表現し、和菓子職人のセンスや力量が窺える菓子を一般に何と呼ぶでしょう。

① 工芸菓子　　② 特上菓子　　③ 上生菓子　　④ 干菓子

☆

問題8　京銘菓「八ッ橋」（八つ橋）の語源ともいわれる八橋検校（けんぎょう）は、次のうち、どの楽器の名手として最も有名でしょうか。

① 尺八　　② 琴　　③ 平家琵琶　　④ 篳篥（ひちりき）

☆

問題9　6月に食べると、暑気払いなどによいとされている菓子は？

① おはぎ　　② 牡丹餅　　③ 月餅　　④ 水無月

☆

問題10　御所に上納するお菓子を作っていたお店を特に何と呼んだでしょうか。

① 御菓子司　　② 御菓子調進所　　③ 茶寮　　④ 茶菓子司

☆☆

問題11　門前の茶屋で売っている走井餅（はしりいもち）で有名な神社は？

☆☆

第5章 京の食文化

問題12 北野天満宮門前の名物餅で、江戸時代の書物「毛吹草」にも記された餅は？

① 粟餅　② 焼餅　③ 長五郎餅　④ あぶり餅

☆

問題13 もともとは宮中の御玄猪という儀式に用いられた菓子で、今も11月の火入れの際に食べるとよいとされる菓子は？

① 亥の子餅　② 吹き寄せ　③ 銀杏餅　④ 五色豆

☆☆

問題14 全国の菓子職人・製菓関連の人々の崇敬を集める菓祖神社が境内にある神社はどこでしょうか。

① 下鴨神社　② 吉田神社　③ 御香宮神社　④ 伏見稲荷大社

☆☆

江戸時代に活躍した八橋検校。どんな楽器の名手として知られたでしょうか（井筒八ッ橋本舗提供）

京野菜

問題15 夏の京野菜の代表格、舞鶴市を主産地とする大ぶりのとうがらしとは？
①田中とうがらし　②伏見とうがらし　③万願寺とうがらし　④ししとう

問題16 冬の漬物の代名詞ともいえる千枚漬けの原料となる京野菜は？
①聖護院かぶら　②聖護院大根　③すぐき　④東寺大根

問題17 次のうち、京の伝統野菜に入らないものはどれでしょう。
①桂瓜　②鹿ヶ谷かぼちゃ　③金時にんじん　④聖護院かぶら

問題18 そばの薬味などでも有名な小ぶりの大根は次のうちどれでしょうか。
①辛味だいこん　②佐波賀大根　③淀大根　④聖護院大根

京の酒

問題19 昔からよくいわれる「灘の○○酒」、「伏見の○○酒」とは？
①右・左　②男・女　③武家・公家　④蔵・納屋

問題20 平安京の内裏に置かれたお酒に関する役所の名は？

第5章 京の食文化

問題21 室町時代の記録によると、当時、都に酒屋は何軒あったでしょうか。
①約50軒　②約150軒　③約350軒　④約550軒
☆

問題22 狩りで燗酒を臣下から勧められ、それを激賞した天皇は？
①桓武天皇　②嵯峨天皇　③醍醐天皇　④村上天皇
☆☆

問題23 現在は国産ウイスキーの原料にもなっている大山崎にわき出る水を好んだ茶人は？
①千利休　②細川三斎　③古田織部　④小堀遠州
☆☆

問題24 現在、洛中に唯一残る造り酒屋で、造っている酒の銘柄は？
①ふり袖　②古都千年　③松の翠　④聚楽第
☆☆

問題25 明治初期、舎密局（せいみ）で試作されたビールの原料として白羽の矢が立った名水は？
①染井水　②醒ヶ井水　③御香水　④音羽の滝
☆☆

【解説と答】

問題1 懐石料理は元来どのような席で食べる料理でしょうか。

懐石料理は元来、火で温めた小石を懐に入れて空腹をしのいだことに由来します。きらびやかな料理ではなく、むしろ粗餐(そさん)を指していました。茶懐石では一汁三菜を茶会の中に取り入れ、材料や調理法、器に茶会の主人のもてなしの心配りを読み取ることが肝要でした。いまでは料理人たちが食材の目利き、調理法、器の選択、料理の盛り付けまでトータルに心血を注ぐ料理の代名詞となりました。〔答 ②茶事〕

問題2 式包丁を披露する儀式を神事に組み入れている神社はどこでしょう。

7月7日は貴船神社(左京区)の水まつりです(7日が日曜日にあたる場合は翌日)。古来の雨乞い神事に由来し、降雨、晴天の恵みを願う神事で、献茶、舞楽、式包丁を神様に捧げます。**式包丁**は、古来の作法にのっとった包丁さばきを披露するこの儀式のことで、**生間流**(いかま)家元が披露します。手を直接触れず、包丁と真魚箸(まなばし)だけで、鯉や鯛をかたどっていくさまは見ものです。〔答 ①貴船神社〕

問題3 「ぐじ」とはどんな魚?

ぐじとは、アマダイの一種、アカアマダイを指します。頭が角張っているため「屈頭魚(くつな)」と呼ばれ、それがなまってぐじになった、といわれています。水深五十メートルから百数十メートルの砂や泥の海底に穴を掘って棲んでおり、白身で淡白な中にもほのかな甘みがあります。

一般に**若狭焼き**といえばぐじの焼きものを指し、京料理ではこの若狭焼きで京料理の腕前がわかるともいわれるほどです。〔答 ③アマダイ〕

第5章 京の食文化

問題4 鯖寿司が、一番おいしいといわれる季節は?

昔、海から遠い京の都では新鮮な魚を手にすることが難しく、若狭などから運ばなければなりませんでした。今も小浜から、朽木、大原を抜けて出町に至る道を**鯖街道**と呼び、沿道にはおいしい鯖寿司の店も点在します。

京都人は春、夏、秋の祭礼の折、特に好んでこの鯖寿司を食べていました。サバは夏に産卵を終えると、卵に栄養分が吸収され、脂分が少なくなり、旨みが不足します。エサをたっぷりと食べ、脂がちょうどよくのる秋から冬になると、15％以上の脂肪分を持つ最もおいしいサバとなるといわれます。

〔答 ③秋から冬〕

問題5 雲片(うんぺん)・麻腐(まふ)・笋羹(しゅんかん)など、それぞれの料理に独特の名前がつく料理は?

普茶(ふちゃ)は、広くたくさんの人にお茶をふるまうという意味です。寺の行事について打ち合わせで茶礼という儀式を行った後、謝茶(慰労会)で出される中国風精進料理です。黄檗宗の宗祖、**隠元禅師**(いんげん)が中国から伝えた料理で、萬福寺(宇治市)や黄檗宗の寺院などで味わえます。季節の野菜と植物油を使い、高タンパク・低カロリーな料理です。4人が一つのテーブルに向かい合って座るのが特徴です。このテーブルを**卓袱台**(ちゃぶだい)と呼びます。雲片は油で炒めた野菜の葛煮。麻腐は胡麻豆腐。笋羹とは野菜の炊き合わせのことで、これらの料理を中心に

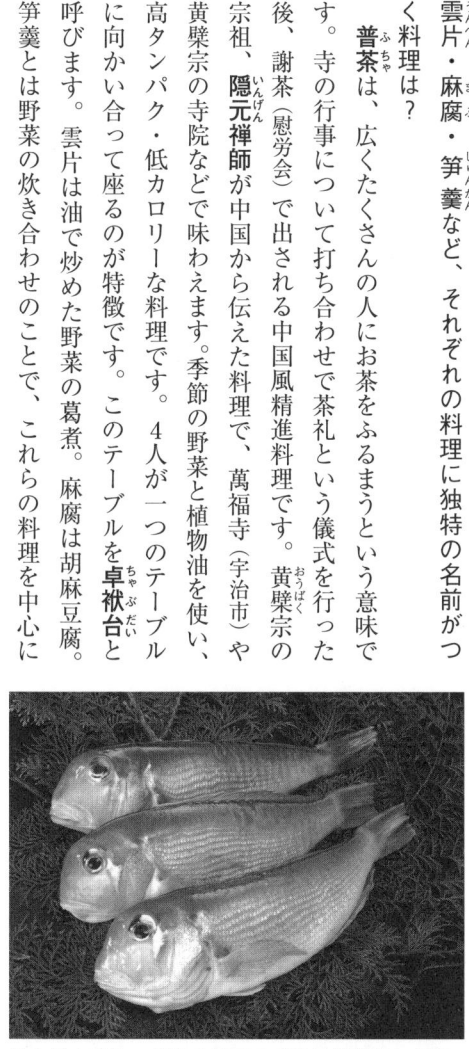

見た目も美しい桜色の丹後のぐじは塩焼きに干物、酒蒸しなど京料理には欠かせません（JF京都漁連提供）

73

問題6 鴨川の床でほとんどのお店が張り出している細い川は？

【答】②普茶料理

鴨川納涼床、貴船の川床、高雄の川床桟敷など、京都には夏に涼を取りながら、料理が楽しめるスポットがいくつかあります。呼び方が少しずつ違うのがおもしろいところです。4月下旬、鴨川の河原では、床工事のラッシュを迎えます。単なる鴨川支流、分水流と呼ぶのではなく、ちゃんと名前がついているところが京都らしいと思います。鴨川のそばを流れる細い川は禊川です。北は二条から南は五条までを流れる禊川に約80軒ほどの店が納涼床を張り出します。

【答】④禊川

問題7 手作りで、季節によって様々に表現し、和菓子職人のセンスや力量が窺える菓子を一般に何と呼ぶでしょう。

和菓子職人が心を込めて作った、季節感や特定の情景を形にした美しい和菓子のことです。おはぎや大福は店によってレシピが決まっていて、誰が作ってもほぼ同じようにできますが、上生菓子は違います。和菓子職人の手仕事ですから、作り手によって違ってくるのです。それはセンスの違いでしょう。芸術家の作風がそれぞれ違うように。食べることの出来る芸術作品だと評されることもあります。

【答】③上生菓子

問題8 八橋検校は、どの楽器の名手として有名でしょうか。

京土産として人気が高い「八ッ橋（八つ橋）」は、近世箏曲の祖と呼ばれる八橋検校にちなんで琴の形をしています。八橋検校は江戸時代初期の箏曲演奏家で、作曲家でもありました。幼少から目が不自由でしたが、箏曲の発展に尽力し、当時の視覚障害者組織の最高位「検校」となりました。八橋検校のお墓は、

第5章 京の食文化

問題9 京都市左京区の金戒光明寺の塔頭常光院にあり、「八はしてら」の石碑が建ちます。

6月に食べると、暑気払いなどによいとされている菓子は？

6月30日は1年のちょうど折り返しポイントにあたるため、上半期の罪やけがれを払い、後半の無病息災を祈願する神事、夏越祓が上賀茂神社（北区）などで執り行われます。京都ではこの日、茅の輪をくぐり、水無月を食べます。水無月は白の外郎生地に小豆をのせ、三角形に作られた菓子ですが、それぞれに意味が込められています。上にある小豆は滋養をつけて魔を払うという意味があり、三角の形は暑気を払う氷を表しています。

〔答 ④水無月〕

問題10 御所に上納するお菓子を作っていたお店を特に何と呼んだでしょうか。

上菓子とは、宮中や公家、寺社、茶家などに納めたり、特別なお祝いのためにあつらえる献上菓子のこと。このことで「菓子匠」「御菓子司」と呼ばれる上菓子を作る専門職人が生まれたわけです。当時、上菓子は注文分だけの菓子しか作りませんでした。そのため御用聞きに行っていたわけですが、「司」「匠」の文字の付いた京菓子店はその際に勝手口からではなく、玄関から堂々と入れるという格式を誇っていたのです。

〔答 ①御菓子司〕

問題11 走井餅で有名な神社は？

京都での八幡信仰の名所、男山の麓、石清水八幡宮（八幡市）の門前に茶店風のお店があります。走井餅の老舗です。もともとは大津名物で、東海道を行き来する旅人に人気がありましたが、明治の末、八幡に支店を出して以来、八幡名物としても有名になりました。走井餅の楕円形は大津、走井の名水で鍛えた名剣とも、水滴を表したものともいわれています。

〔答 ③石清水八幡宮〕

問題12 北野天満宮門前の名物餅で、「毛吹草」にも記された餅は？

問題13　もともとは宮中の御玄猪という儀式に用いられた菓子とは？

江戸時代の初め、寛永年間（1624〜44）発行の「毛吹草」という俳諧書に洛中名物として「茶屋粟餅」が記されています。現在も天神さんの南、石の大鳥居の向かいで400年近くものれんを守っている澤屋では、つきたての粟餅をあんでくるんだものと、きな粉をかけたもの、2種類の粟餅を店内で賞味できるのが特徴です。その場で出来たてをほおばるのが通の食べ方ですね。

〔答　①粟餅〕

問題14　菓祖神社が境内にある神社は？

御玄猪は中国から伝わった信仰で、宮中で行われていました。本来は陰暦の10月（今の11月）の亥の日、亥の刻に、亥の子餅を食べ、多産の亥にあやかり、子孫繁栄、無病息災を祈る年中行事でした。中国の五行説では、亥が火を鎮めるものと考えられていたため、火難よけの意味もありました。茶道では11月の炉開きで、菓子として亥の子餅が使われることが多いようです。

菓子の起源は、垂仁天皇の御代、田道間守が遠い常世の国から持ち帰ったタチバナの実とされています。昔、ザクロやナシ、モモやクリなどの木の実や草の実、そして穀物を加工したモチやアメなどを総称して「くだもの」と呼んでいました。元来は「果子」、「菓子」に変化したといわれています。吉田神社（左京区）の境内の一角にある菓祖神社には田道間守と、饅頭を日本に伝えた林浄因が祀られています。

〔答　①亥の子餅〕

問題15　舞鶴市を主産地とする大ぶりのとうがらしとは？

万願寺というのは舞鶴市の地名で、大正時代の末、伏見とうがらしと外国系の大型とうがらしを交配させて万願寺とうがらしが誕生したといわれています。京野菜のハイブリッドですね。約15センチの巨大さで、とうがらしの王様ともいえる風格です。特有の芳香と甘みがあり、肉厚で軟らかく、種が少なくて食

〔答　②吉田神社〕

第5章 京の食文化

問題⑯ 千枚漬けの原料となる京野菜は？

聖護院かぶらは、江戸時代後期、聖護院村の**伊勢屋利八**が近江の堅田村から近江かぶらの種子を譲り受けたことに始まるそうです。彼は丹精込めて育成し、聖護院村の特産物にまで育て上げました。成長すると、直径20センチ以上、重さ2〜4キロにもなる大きな野菜です。よく**聖護院大根**（別名淀大根）と間違われますが、聖護院かぶらは、白くてきめが細かく甘味があり大変おいしいかぶらです。

〔答 ③万願寺とうがらし〕

問題⑰ 京の伝統野菜に入らないものは？

金時にんじんは京にんじんといわれ、京野菜の代表のようにみられますが、実は明治以前には京都で栽培されていません。このため、京の伝統野菜には入りませんが、ブランド京野菜の一つです。

お正月をはじめ、京料理に欠かせない彩りとして古くから用いられ、特に京都で栽培されたニンジンは同じ金時にんじんでも、軟らかくて芯まで真っ赤であることが特徴とされてきました。金時にんじんの赤は、がん予防にも効果が

えびいもに九条ねぎに金時にんじんなど。京野菜は彩り鮮やかで滋味にあふれています

〔答 ①聖護院かぶら〕

問題18
そばの薬味などでも有名な小ぶりの大根は？

吹散だいこん、鷹峯だいこんとも呼ばれます。元禄年間から洛北の鷹峯辺りで栽培されてきたといわれ、葉も根も小かぶにきわめてよく似た丸型の大根です。辛みはしっかりつきますが、つゆは薄まらず、濁ることはありません。肉質が緻密で水分は少なめです。「**辛味そば**」というメニューがお蕎麦屋さんにあれば、薬味はこの大根と思ってほぼ間違いないでしょう。

〔答　③金時にんじん〕

問題19
昔からよく言われる「灘の○○酒」、「伏見の○○酒」とは？

灘の酒はキリッとした辛口タイプ「**男酒**」、伏見の酒はなめらかな芳純タイプの「**女酒**」といわれてきました。灘は「宮水」と呼ばれるミネラルが多い硬水を、伏見はミネラルをほどほどに含んだ中硬水を使っているためです。

〔答　①辛味だいこん〕

問題20
平安京の内裏に置かれたお酒に関する役所の名は？

どちらも江戸時代には「下り酒」といわれ、当時百万都市だった江戸の人々にもてはやされました。江戸近郊に造り酒屋があったにもかかわらずです。上方から下ってきたものを「下りもの」、そうでないものを「下らないもの」と呼んでいました。

〔答　②男・女〕

問題21
室町時代、都に酒屋は何軒あったでしょうか。

造酒司と書いて「みきのつかさ」、あるいは「ぞうしゅし」「さけのつかさ」と読みます。宮内省所属の役所でした。丸太町七本松辺り、現在の京都アスニーの周辺で建物の柱の跡が確認されています。酒以外では酢や甘酒も造られていました。

〔答　②造酒司〕

第5章 京の食文化

平安初期には、宮中の諸行事や宴席向けに公に造られていた酒は、時代とともに武家や庶民に広まりました。室町時代には都に約350軒もの酒屋があったとの記録が残っています。幕府は酒屋に対して課税を強めました。運送・金融・醸造を一手に担う**土倉酒屋**が盛んになったのも室町時代でした。課税額は甕の数で決まったそうです。

〔答 ③約350軒〕

問題22 **嵯峨天皇**の一行が交野（現在の大阪府交野市）に狩りに出かけた時、**藤原冬嗣**が天皇に温めた酒を勧めたところ、天皇は大層喜ばれたという話です。狩りで燗酒を臣下から勧められ、それを激賞した天皇は？

中国の白楽天の詩の中に「林間に紅葉を焼きて酒を煖む」という一節があり、冬嗣はこれを踏まえて天皇に勧めたのでしょう。「煖酒」とは、今の燗酒です。「延喜式」には「煖酒」のために炭を支給するという記述があり、平安時代の初めごろから宮中では、重陽の節句9月9日から上巳の節句3月3日までの期間は、この燗酒が習慣であったということです。

〔答 ②嵯峨天皇〕

問題23 国産ウイスキーの原料にもなっている大山崎にわき出る水を好んだ茶人は？

千利休は山崎の名水を茶の湯に使ったといわれ、利休が作った茶室で唯一現存する国宝**待庵**も山崎の禅寺**妙喜庵**（乙訓郡大山崎町）にあります。サントリーの創始者鳥井信治郎は山崎の地がウイスキーの本場スコットランドの気候に似ていることに目をつけ、国産初のウイスキー工場を建てました。時代は違っても目のつけどころは同じなのですね。

〔答 ①千利休〕

問題24 洛中に唯一残る造り酒屋で、造っている酒の銘柄は？

佐々木酒造（上京区）は、現在洛中に残る唯一の酒蔵で、その土地は400年前豊臣秀吉の造営した聚楽第の中にあります。出水通という通りが近くを東西に走ることからもわかるように、この辺りには豊富な

地下水脈があるのです。銘柄には、そのころのよすがを偲ぶ「聚楽第」や「古都」、「美しい鴨川」などがあります。「古都」のラベルは文豪川端康成の筆によるもので、酒蔵を観に立ち寄ったという話です。「ふり袖」(向島酒造)、「古都千年」(齊藤酒造)、「松の翠」(山本本家)はいずれも伏見の酒造メーカーのお酒です。

【答 ④聚楽第】

問題25 舎密局で試作されたビールの原料として白羽の矢が立った名水は？

舎密局(せいみきょく)とは「化学」を意味するオランダ語の「chemie」の発音に漢字をあてたもので、明治3年(1870)に近代化政策の一環で建設された理化学工場兼試験場です。せっけんや陶磁器、清涼飲料水など、様々なものが試作、生産されました。中でも意外と知られていないのがビールです。水にもこだわり、名水と評判の音羽の滝の起用が決まったのですが、時代が早すぎたのでしょうか、ビールは当時の明治の人たちの口に合わず、まさに泡のごとく消えました。

【答 ④音羽の滝】

第6章　百花繚乱の都

梅

問題1　遅咲きのはねずの梅で有名な寺院はどこでしょうか。
① 醍醐寺　② 隨心院　③ 毘沙門堂　④ 元慶寺

問題2　軒端(のきば)の梅伝説で知られる平安時代の女流歌人は？
① 小野小町　② 和泉式部　③ 赤染衛門　④ 伊勢

問題3　北野天満宮で毎年12月13日から授与される正月用の梅を何というでしょうか。
① 京小梅　② 菅公梅　③ 大福梅　④ お屠蘇梅

問題4　臥龍(がりゅう)の老梅で有名な寺院はどこでしょうか。
① 勧修寺(かじゅうじ)　② 青蓮院　③ 聖護院　④ 三千院

問題5　梅で有名な梅宮大社に祀られている皇后とは誰でしょうか。
① 神功皇后　② 光明皇后　③ 檀林皇后　④ 染殿皇后

☆　☆　☆　☆　☆

問題6 本殿前にある枝垂れ紅梅で有名な左京区の神社はどこでしょうか。

① 岡崎神社　② 大豊(おおとよ)神社　③ 三宅八幡宮　④ 熊野神社

問題7 鶯宿梅(おうしゅくばい)で有名な林光院(りんこういん)はどのお寺の塔頭でしょうか。

① 相国寺　② 立本寺　③ 妙顕寺　④ 大徳寺

桜

問題8 西行桜で有名な洛西の寺院は、どこでしょうか。

① 善峯寺　② 勝持寺　③ 正法寺　④ 十輪寺

「斎王桜」や「御所桜」が咲く、葵祭にゆかりの深い神社はどこでしょうか

☆　　☆☆　　☆

第6章　百花繚乱の都

問題9　「おかめ桜」と命名された桜で有名な寺院とは？
①仁和寺　②千本釈迦堂　③神護寺　④清凉寺

問題10　斎王桜、御所桜などの桜で有名な神社はどこでしょうか。
①上賀茂神社　②下鴨神社　③石清水八幡宮　④平野神社

問題11　早咲きの桜で有名な車折(くるまざき)神社。この神社の宮司を経験した画家は誰でしょう。
①竹内栖鳳　②久保田米僊　③鈴木松年　④富岡鉄斎

問題12　真如堂に咲くたてかわ桜に縁のある歴史上の女性とは？
①淀殿　②春日局　③東福門院　④桂昌院

問題13　歓喜桜や御衣黄(ぎょいこう)で有名な西陣の寺院はどこでしょうか。
①妙蓮寺　②智恵光院　③浄福寺　④雨宝院

問題14　御車返(みくるまがえ)しの桜で有名な常照皇寺。さてこの逸話の主人公となった上皇とは？
①後白河上皇　②後鳥羽上皇　③後光厳上皇　④後水尾上皇

かきつばた

問題15　「かきつばた」の五文字を詠みこんだ歌で有名な平安時代の歌人は誰でしょう。
①在原業平　②紀貫之　③壬生忠岑(ただみね)　④遍昭

問題16 かきつばたの名所として知られる洛北の神社はどこでしょうか。
①大田神社　②上賀茂神社　③久我神社　④大将軍神社

問題17 「神山や大田の沢のかきつばた深きたのみは色にみゆらむ」と詠んだ歌人は？
①藤原俊成　②藤原定家　③藤原家隆　④寂蓮

問題18 教科書などでもおなじみの国宝「燕子花(かきつばた)図屏風」。その作者は誰でしょうか。
①俵屋宗達　②尾形光琳　③酒井抱一　④鈴木其一

問題19 初夏にはかきつばたや、花菖蒲が咲く氷室の池がある寺院はどこでしょう。
①龍安寺　②大覚寺　③鹿苑寺　④勧修寺

問題20 「いずれあやめかかきつばた」という表現はある人物の歌から生まれた言い回しともいわれています。さてその人物とは？
①源融　②源重之　③源頼政　④源実朝

第6章　百花繚乱の都

【解説と答】

問題1　はねずの梅で有名な寺院は？

小野小町伝説で有名な**隨心院**（山科区）では、3月最終土・日曜、はねず踊りという伝統舞踊が披露されます。「はねず」とは**薄紅色**のことで、はねずの梅と呼ばれる遅咲きの紅梅など約200本の梅が境内の梅園に植えられています。このはねず色の衣装を身につけた女の子たちが花笠をかぶって、愛らしい踊りを見せてくれます。

〔答　②隨心院〕

問題2　軒端の梅伝説で知られる女流歌人は？

能には、**和泉式部**を素材にした「**東北**」という演目があります。舞台は**東北院**（左京区）。**上東門院彰子**に仕えていた和泉式部が植えたという梅が**軒端の梅**です。当初、藤原道長が築いた**法成寺**の東北角にあったことから、その名が付いたと伝えられていますが、現在は真如堂（左京区）の北西に位置しています。今も何代目かの軒端の梅が、春には花を咲かせています。

〔答　②和泉式部〕

問題3　北野天満宮で授与される正月用の梅を何というでしょうか。

大福梅は正月に白湯に入れて飲むためのものです。起源は平安時代前半。**村上天皇**の時代に疫病がはやり、天皇自身も病に

はねずの梅にちなんで、隨心院で披露されるはねず踊り（隨心院提供）

85

なりました。しかし、干した梅を入れた茶を服用したところ、たちどころに治ったということから、王服と称して、毎年元日にこの茶を飲むようになったと書物にあります。後に「王服」から「大福」とめでたい漢字をあてて書くようになりました。

〔答 ③大福梅〕

問題4 臥龍の老梅で有名な寺院は？

地名は「かんしゅうじ」と読みますが、寺名は「かじゅうじ」です。その**勧修寺**（山科区）境内の書院のすぐ南側の庭園内にある4本の白梅が**臥龍の老梅**です。元禄年間（1688〜1704）にある皇族が住職として出家してきた際、書院などの建物と一緒に御所から移されたもので、樹齢300年と伝わる親木に巻きつくように子、孫、ひ孫の木が支え合い、そのうねる姿はまるで龍のようです。

〔答 ①勧修寺〕

問題5 梅宮大社に祀られている皇后とは？

嵯峨天皇の皇后で、仁明天皇の母であった**橘嘉智子**は**檀林皇后**と呼ばれていました。檀林皇后が梅宮大社（右京区）の砂を産屋に敷きつめて仁明天皇を産んだことなどから、同社は子授け・安産の神としても信仰され、皇后は相殿に祀られるようになりました。

〔答 ③檀林皇后〕

御所から移されてきたと伝わる勧修寺の「臥龍の老梅」（勧修寺提供）

第6章　百花繚乱の都

問題6　本殿前にある枝垂れ紅梅で有名な左京区の神社は？

東山三十六峰の一つ、椿ヶ峰のふもと、哲学の道の南の玄関口からほど近いところに**大豊神社**(左京区)は建っています。**大国主命**を祀っているため、狛犬ならぬ、狛ねずみで有名なこの社は、実は梅でも知る人ぞ知る社なのです。**枝垂れ紅梅**の樹齢は200年を超えるそうです。

【答　②大豊神社】

問題7　鶯宿梅で有名な林光院はどのお寺の塔頭でしょうか。

林光院(上京区)は、西ノ京にあった平安期の歌人紀貫之邸跡に建てられ、今の場所に移りました。娘の**紀内侍**が、庭の梅の木が御所に召し上げられた際「天皇のご命令ならば梅は献上しますが、宿にしていた鶯にはどう伝えたらよろしいでしょう」との意味の和歌を枝に結び、返してもらったのが**鶯宿梅**のいわれです。

【答　①相国寺】

問題8　西行桜で有名な洛西の寺院は？

勝持寺(西京区)は**役行者**が創建したといういわれがあります。**西行法師**はこの寺で出家したと伝えられ、庵を結び、一株の桜を植えて、こよなく愛したといいます。現在は**西行桜**(三代目)をはじめ、約400本の桜が咲き乱れ、「花の寺」とも呼ばれています。桜は大半がソメイヨシノです。

【答　②勝持寺】

問題9　「おかめ桜」で有名な寺院とは？

応仁の乱にも焼けずに残った国宝の本堂が立つ**千本釈迦堂**(上京区)。その本堂の竣工にまつわる秘話がひとつ伝わります。本堂の普請を一手に引き受けていた棟梁の長井飛騨守高次は、棟梁としては痛恨の失策という重要な柱四本のうちの一本を、ほんの僅かですが短く切ってしまいました。思い悩む夫を見かねた妻のおかめ(阿亀)でしたが、もう新しく用材を切り出してくる余裕もありません。「柱の上に桝組みを足せばどうでしょう。」悩みは雲散霧消。「でかした！」とばかりが一計を案じました。

り、棟梁はすぐさま他の3本の柱も、短い柱と同じ長さに頭を少し切り落とし、桝をそれぞれ上に置くことにしました。無事、本堂落慶の日を迎えました。

しかし、棟梁は落慶法要を祝う気にはなれなかったのです。妻の入れ智恵で夫が大事を成したとあっては世の笑い草と、落慶の日を待たず、おかめは自刃していたのです。そんな妻の気持ちに報いようと、上棟の時には屋根裏におかめの顔を移した絵を収めました。それで現在も上棟式の日におかめさんの面の付いた御幣を収める風習が残っているのです。本堂のすぐ前に咲く枝垂れ桜を、おかめさんの銅像がじっと見つめているかのようです。ちなみに、仁和寺（右京区）の遅咲きの桜は**おたふく桜**と呼ばれます。

〔答 ②千本釈迦堂〕

千本釈迦堂（大報恩寺）の境内にある「おかめ」像

問題⑩ 斎王桜、御所桜などの桜で有名な神社は？

上賀茂神社（北区）境内の広大な芝生に咲く大きな紅枝垂れ桜が**斎王桜**です。4月の第2日曜日には**賀茂曲水宴**が開かれ、列席した斎王代がこの桜の下に立つこともあります。また、**御所桜**という名を持つ桜は白枝垂れ桜です。この桜は上賀茂神社の中で、どの桜よりも早く花をつけるとのことです。

〔答 ①上賀茂神社〕

88

第6章　百花繚乱の都

問題11　車折神社の宮司を経験した画家は誰でしょう。

車折神社（右京区）の桜は、寒緋桜や枝垂れ桜などがありますが、京都市内の一般の桜よりも開花が少し早いのが特徴です。富岡鉄斎は奈良県の石上神宮の少宮司や大阪の大鳥大社の大宮司を経て、明治21年（1888）から同26年（1893）まで車折神社の宮司を務めました。このため車折神社には鉄斎の作品が多数残っています。

【答　④富岡鉄斎】

問題12　真如堂に咲くたてかわ桜に縁のある女性とは？

真如堂（左京区）には、徳川家光の乳母、春日局が植えたという桜の木があります。すぐその横には春日局の父で明智光秀の家臣であった斎藤利三のお墓があります。おそらく娘は父の供養のために一株の桜を植えたのでしょう。昭和34年（1959）の伊勢湾台風で倒れたのですが、再び芽吹いたその生命力は、不遇の前半生を過ごしたものの、後にその才能を見いだされた春日局と重なります。

【答　②春日局】

問題13　歓喜桜や御衣黄で有名な西陣の寺院は？

「西陣聖天」とも呼ばれる雨宝院（上京区）。西陣の真ん中に大聖歓喜天と書かれた提灯が一際目を引きます。弘法大師が嵯峨天皇の病気平癒を祈願して歓喜天（聖天）をつくって祀ったのが始まりで、十一面千手観音立像は重要文化財に指定されています。また、日本最古といわれる歓喜天像にちなんで命名されたのが歓喜桜です。この寺でもう一つ有名な桜が御衣黄。何と黄緑色の桜です。葉緑素が花弁に出たため、こうなったとか。御衣黄というのは高貴な方が身につける衣の色だそうです。

【答　④雨宝院】

問題14　常照皇寺御車返しの桜の逸話の主人公となった上皇とは？

常照皇寺（右京区）の御車返しの桜は、江戸時代、後水尾上皇がその美しさに魅かれ、何度も車を返して、別れを惜しんだと伝わります。現在は樹勢がやや衰え、枯淡の域に達しています。懸命に花を咲かせ

ているその姿には心動かされます。もう一つ有名な桜が**九重桜**で、寺を創建した**光厳上皇**お手植えの桜といわれ、現在は国の天然記念物に指定されています。

【答】④後水尾上皇

問題15 「かきつばた」の五文字を詠みこんだ歌で有名な平安時代の歌人は誰でしょう。

から衣 （唐衣）
き（着）つつなれにし
つま（妻）しあれば
はるばるきぬる
たび（旅）をしぞおもふ

旅先での思いを詠んだこの歌には、「かきつばた」の文字が隠されています。この暗号のような歌は「伊勢物語」にみられ、主人公である平安時代の貴公子、**在原業平**の作とされています。

【答】①在原業平

問題16 かきつばたの名所として知られる洛北の神社は？

上賀茂神社の境外摂社、**大田神社**（北区）の境内にある大田の沢には5月上旬、**かきつばたの群生**が一斉に紫の花を咲かせます。国の天然記念物です。

【答】①大田神社

問題17 「神山や大田の沢のかきつばた深きたのみは色にみゆらむ」と詠んだ歌人は？

「**千載和歌集**」の編者としても知られ、息子の定家とともに、歌の家としての家名を確立したのが**藤原俊成**です。

その門弟の一人、平忠度（ただのり）が登場するのが、「**平家物語**」の**忠度都落ち**の段。都落ちした忠度は自ら詠んだ歌の数々を俊成に託しました。

第6章 百花繚乱の都

さざ波や志賀の都は荒れにしを昔ながらの山桜かな

俊成は「千載和歌集」を編さんした際、この忠度の歌を「詠み人知らず」として選んでいます。

〔答 ①藤原俊成〕

問題18

国宝「燕子花図屏風」の作者は？

尾形光琳は京都の雁金屋という呉服商の次男として生まれました。琳派は彼の名前に由来し、MOA美術館（静岡県熱海市）にある国宝「紅白梅図屏風」とともに有名な国宝「燕子花図屏風」は根津美術館（東京都港区）に所蔵されています。

〔答 ②尾形光琳〕

問題19

初夏にはかきつばたや、花菖蒲が咲く氷室の池がある寺院は？

勧修寺（山科区）の氷室の池では、初夏にかきつばた、花菖蒲、盛夏にはスイレン、ハスが水面を飾ります。境内には梅に桜、山桃と、まさに百花繚乱の池です。池の中島に生える木には鷺が巣を作っています。

〔答 ④勧修寺〕

問題20

「いずれあやめかかきつばた」という表現はある人物の歌から生まれた言い回しともいわれています。さてその人物とは？

武勇の誉れ高く、歌人としても一世を風靡した文武両道の人、源頼政です。「太平記」によると、何人もいる美人のなかから、あやめの前と呼ばれる美女がだれか当ててみよという投げかけに困り、返した歌が

五月雨に沢辺のまこも水越えていずれあやめとひきぞわずらふ

この歌から「いずれあやめかかきつばた」という表現が生まれたそうです。

〔答 ③源頼政〕

第7章　花街の華やぎ

歴史と伝統

問題1　京都・五花街の中で最も歴史が古い花街は？
① 上七軒　② 先斗町　③ 宮川町　④ 祇園東

問題2　名前の由来がポルトガル語という説がある花街は？
① 上七軒　② 先斗町　③ 宮川町　④ 祇園甲部

問題3　舞妓が履く独特の下駄を何と呼ぶでしょうか。
① おちょぼ　② おこぼ　③ ぽっくり　④ だぼ

問題4　日本初の官許の廓（くるわ）として栄えた島原はもともとどこにあったでしょうか。
① 二条柳町　② 五条河原町　③ 六条三筋町　④ 七条新町

問題5　島原に今も伝わる伝統的な太夫の儀式を何と呼ぶでしょう。
① かしの式　② 夕霧忌　③ 吉野忌　④ 襟替え

問題6　芸妓や舞妓を抱える置屋のことを何と呼ぶでしょうか。

☆　☆　☆　☆　☆　☆

92

第7章　花街の華やぎ

軒先につるされたちょうちんに描かれた三つの輪。どの花街の紋でしょうか

問題7　三つの輪が重なった紋を持つ花街はどこでしょう。

① 祇園甲部　② 祇園東　③ 上七軒　④ 宮川町

① 御茶屋　② 御殿　③ 屋形　④ 御店

☆☆☆

問題8　都をどりが始まったのは何年でしょうか。

① 元禄5年　② 天保5年　③ 明治5年　④ 大正5年

☆

問題9　都をどりの英訳で一般的によく使われている言葉は？

① マイコダンス　② キャピトルダンス　③ キョウトダンス　④ チェリーダンス

問題10　「月はおぼろに東山」で始まる「祇園小唄」の作詞者は？

① 吉井勇　② 谷崎潤一郎　③ 長田幹彦　④ 大仏次郎

問題11　花街と「春のをどり」の組み合わせで間違っているのは？

① 上七軒―北野をどり　② 祇園甲部―都をどり　③ 宮川町―京おどり　④ 祇園東―祇園をどり

問題12　花街と舞踊の流派の組み合わせで間違っているのは？

① 祇園甲部―京舞井上流　② 祇園東―藤間流　③ 先斗町―花柳流　④ 宮川町―若柳流

問題13　花街と秋の舞踊の組み合わせで間違っているのはどれでしょうか。

① 上七軒―寿会　② 祇園甲部―温習会　③ 先斗町―山紫会

☆　　☆☆　　☆　　☆　　☆☆☆　　☆

舞妓

問題14　舞妓になるまで置屋で約1年を過ごす修業中の身を何と呼ぶでしょうか。

① 女衆（おなごし）　② 提灯持ち　③ お姉さん　④ 仕込みさん

☆

94

第7章 花街の華やぎ

問題15 芸舞妓の養成機関を何というでしょうか。

① 女工場　② 女紅場　③ 女光場　④ 女巧場

☆

問題16 舞妓としてデビューすることを何というでしょうか。

① 店出し　② 始業式　③ 襟替え　④ 一本立ち

☆

問題17 舞妓の髪を飾る12月の花簪(はなかんざし)は、顔見世でおなじみのまねきです。ミニまねきの看板部分には何を書くのでしょうか。

① ひいきの役者さんに名前を書いてもらう
② ひいきのお客さんに自分の名前を書いて贈る
③ 願いごとを書いて初詣の際に奉納する
④ 精進する芸事を書き入れて師匠に渡す

☆☆

問題18 舞妓が芸妓になるまでのほんのわずかな期間の髪型とは？

① 割れしのぶ　② おふく　③ 勝山　④ 先笄(さっこう)

☆☆

問題19 店出しや襟替(えりが)えの際に花街の関係者や贔屓筋(ひいきすじ)から贈られるご祝儀ポスターを何と呼ぶでしょうか。

① 目録　② 花名刺　③ 花看板　④ 花まねき

☆☆

95

【解説と答】

問題1　京都・五花街の中で最も歴史が古い花街は？

上七軒、先斗町、宮川町、祇園甲部、祇園東。五花街で最も歴史が古いとされている**上七軒**は、北野天満宮（上京区）に参拝する人たちのための茶屋がルーツです。平安時代に創建された天満宮は室町時代に大改修されました。その際、余った材木を用いて造った茶屋7軒が名前の由来になりました。近くの西陣の奥座敷としても栄えました。

〔答　①上七軒〕

問題2　名前の由来がポルトガル語という説がある花街は？

「先斗」の語源は「**ポンタ**」ポルトガル語で「**先端**」とも伝えられています。また、鴨川と高瀬川に挟まれているため、地形的には堤であると考えられ、鼓が「ポン」と鳴ることに掛けて、「ぽんと」となったという説もあります。

〔答　②先斗町〕

問題3　舞妓が履く独特の下駄を何と呼ぶでしょうか。

花街を歩く舞妓さんの足音に耳を傾けると、「コボ、コボ」と聞こえてきます。おこぼの高さは三寸五分（約11センチ）ですから、足元は分厚い下駄。これがおこぼです。その音から名がついたといい勝負です。**おこぼと**、だらりの帯は舞妓さんのトレードマークです。

〔答　②おこぼ〕

問題4　日本初の官許の廓として栄えた島原はもともとどこにあったでしょうか。

島原は、**豊臣秀吉**が許可した**日本最古の公許の廓**で、最初は**二条柳町**、現在の二条柳馬場辺りにありました。**六条三筋町**、現在の室町六条辺りに移った後、現在の地に引っ越してきたのは、寛永17年（164

第7章　花街の華やぎ

問題5　島原に今も伝わる伝統的な太夫の儀式を何と呼ぶでしょう。

かしの式とは、太夫と客との顔見せです。店の者が「○○だゆう」と名前を呼びます。太夫は杯を手に取り、客に顔を見せます。言葉を発せず、しぐさと振る舞いだけで自分をアピールします。真剣な眼差しを見ていると、次第に太夫が醸し出すつやっぽい大人の世界へと引き込まれるのです。

【答　①かしの式】

問題6　芸妓や舞妓を抱える置屋のことを何と呼ぶでしょうか。

お茶屋とは、客が芸舞妓を呼んで宴会を開くところで、普段舞妓が生活しているのは、屋形とも呼ばれる置屋です。お茶屋の主人は客から予約が入ると置屋に連絡をして、指定の時間にきてもらうしくみです。舞妓になりたい志を同じくする若い舞妓が女将さんのもと、共同生活をするので、屋形とも呼ばれます。舞妓は、まず、1年以上下働きをして、仕事の流れや行儀作法を覚えるのです。仕込みさんもこの置屋でまず、1年以上下働きをして、仕事の流れや行儀作法を覚えるのです。

【答　③屋形】

問題7　三つの輪が重なった紋を持つ花街はどこでしょう。

宮川町にお茶屋の許可が下りたのは、宝暦元年（1751）。三つ輪の紋が使われ始めたのは明治中ごろでした。芸舞妓の育成機関である女紅場（にょこうば）が府立としてスタートした際、花街・町・寺社の三者が協力した記念ともいわれ、また、宮川で神輿を洗い清めたことから祇園祭の神幸祭、還幸祭の三基の神輿を表しているともいわれます。

【答　④宮川町】

問題8　都をどりが始まったのは？

0）といわれています。移転の様子が、島原の乱のように混乱していたことから、その名がついたと伝えられています。

【答　①二条柳町】

97

問題9

祇園甲部の都をどりは明治5年（1872）に開かれた京都博覧会の余興として始まりました。「都をどりはヨーイヤサー」という独特のスローテンポな掛け声で知られています。4月のほぼ1か月間にわたるロングランです。戦時中に6年間の中断はありましたが、華やかな舞台は連綿と受け継がれ、京都に春の到来を告げてくれます。

都をどりの英訳で一般的によく使われている言葉は？

都をどりが上演される桜の季節に合わせて、舞妓は「マイコガール」で、説明するなら、「ア ガール トレイニング フォア ソフィスティケイティッド レイディ」でしょうか。

【答 ③チェリーダンス】

問題10

「月はおぼろに東山」で始まる「祇園小唄」の作詞者は？

長田幹彦は祇園で「祇園夜話」などの文学作品を執筆中に、「祇園小唄」を作詞しました。作曲は「浪花小唄」などでも知られる佐々紅華。おぼろ月、紅桜、河原の夕涼み、大文字、鐘の声、秋風、雪、川千鳥など、1番から4番までに、春夏秋冬の情景が織り込まれています。祇園の舞妓が座敷で舞うことが多い代表的な唄です。

【答 ③長田幹彦】

問題11

花街と春のをどりの組み合わせで間違っているのは？

正しくは先斗町の**鴨川をどり**です。初演は都をどりと同じで**明治5年**（1872）。上演回数は五花街の中では最も多く、都をどりよりも回数で上まわっている理由は、昭和26年（1951）から平成10年（1998）まで、春と秋の公演があったからです。特徴は、セリフの入った舞踊劇です。ストーリーのある舞台構成には定評があり、外国人のファンも多く、チャップリンも観劇したことがあります。

【答 ③先斗町―祇園をどり】

98

第7章 花街の華やぎ

問題12 花街と舞踊の流派の組み合わせで間違っているのは？

先斗町は尾上流で、上七軒が花柳流です。同じ舞踊でもそれぞれの流派で違いがあります。例えば、祇園甲部の京舞井上流は静の舞。抑えられた動作の中で最大限の表現を試みます。宮中での舞踊の流れをくむ、端正で美しい舞が特徴です。

また尾上流は品格のある流麗な舞が身上。常に新しいものに向かってエネルギーを注ぐ活気ある舞。流派を創設した尾上菊五郎が歌舞伎の出身であったせいでしょうか。

〔答 ③先斗町―花柳流〕

問題13 花街と秋の舞踊の組み合わせで間違っているのは？

先斗町の秋のをどりは**水明会**です。五花街のうち、秋にメインのをどりを公演するのが祇園東。例年11月上旬に**祇園をどり**が祇園会館で開催されます。また祇園東を除く花街では、春に大きなをどりを公演して一般にもお披露目しますが、秋のをどりは、日ごろのお稽古の上達振りを見てもらう、いわばおさらい会的な要素が強いようです。

〔答 ③先斗町―山紫会〕

問題14 置屋で約1年を過ごす修業中の身を何と呼ぶでしょうか。

舞妓を目指す**仕込みさん**は1～3年間、**お母さん**（女将）、**お姉さん**（舞妓）が暮らす**屋形**（置屋）に住み込んで、花街のしきたりや行儀作法などを修業します。また**女紅場**という芸舞妓の学校にも通い、舞や三味線、茶道、華道、書道など芸事全般を教えてもらいます。中学卒業後に仕込みさんになる子が多いようですが、屋形から中学に通いながら、修業する子もいるそうです。

〔答 ④仕込みさん〕

問題15 舞妓の養成機関を何というでしょうか。

女紅場はもともと、女子の教育機関を指し、明治5年（1872）現在の**鴨沂高校**の前身である**新英学校女紅場**と**八坂女紅場**が誕生しました。同志社女子大のもととなる同志社分校女紅場などが次々に誕生し

99

ましたが、やがて全国的に閉鎖が相次ぎ、現在は八坂女紅場だけが祇園甲部の芸事の研修所として残っています。必須科目は舞・鳴物・茶道・三味線、選択科目には能楽・長唄・一中節・常磐津・清元・地唄・浄瑠璃・小唄・笛・華道・書道・絵画などがあります。仕込みさんからベテラン芸妓まで、日夜芸事に磨きをかけているのです。

〔答 ②女紅場〕

問題16 舞妓としてデビューすることを何というでしょうか。

舞妓としてデビューすることを「店出し」といいます。文字通り、お茶屋に出入りするわけです。辛い仕込みさん生活に耐え、名前をつけてもらい、約1か月、**見習い**としてお茶屋で実技研修を受けます。つまり、リハーサルです。この期間中の舞妓はだらりの帯が半分くらいの「**半だら**」といわれる帯なので、すぐに見分けが付きます。見習い期間が終わると、日を選んでいよいよ店出しです。

〔答 ①店出し〕

問題17 12月の花簪のミニまねきの看板部分には何を書くのでしょうか。

師走の京の風物詩**顔見世**の最初のころ、芸舞妓が花街単位でそろって観劇する習わしがあります。これが**花街総見**です。舞妓たちはひいきの歌舞伎役者の楽屋に立ち寄り、花簪のミニまねきにサインをもらうのです。知る人ぞ知る、花街と南座の風物詩ですね。

〔答 ①ひいきの役者さんに名前を書いてもらう〕

問題18 舞妓が芸妓になるまでのほんのわずかな期間の髪型とは？

舞妓姿に別れを告げる先笄

100

第7章 花街の華やぎ

舞妓になったころに結う髪型が「**割れしのぶ**」。3年目くらいのベテランなら、「**おふく**」。正月や八朔（はっさく）などフォーマルな場には「**奴しまだ**」、祇園祭の期間中は「**勝山**」になります。舞妓が芸妓になることを「**襟替え**（えりがえ）」といいますが、この2週間〜1か月くらい前から**笄**（こうがい）、つまり、髪の毛をかきあげる道具に似ている**先笄**（さっこう）という髪型に変えます。結い上げた橋の毛と呼ばれる部分を切り落とすのが特徴で、その部分が笄を切り落としている部分から名づけられたと伝えられます。

〔答　④先笄〕

> 問題19　店出しや襟替えの際、花街の関係者や贔屓筋（ひいき）から贈られるご祝儀ポスターを何と呼ぶでしょうか。

えびすさんや鯛などおめでたいデザインをあしらったお祝いポスターのことで「舞妓（芸妓）デビューおめでとう！　これからも気張ってや！」という祝福と応援の意味が込められています。大型でカラーのお祝い電報ですね。晴れの日に屋形（置屋）の外壁や玄関、部屋など至るところに貼られます。

〔答　①目録〕

> ちょっとアタマの整理

京都の庭園番付

西（・北）		東（・南）
鹿苑寺	横綱	慈照寺　醍醐寺三宝院
西芳寺　天龍寺　龍安寺方丈 本願寺大書院　浄瑠璃寺	大関	大徳寺方丈　大仙院書院
法金剛院　（天橋立）	関脇	金地院　二条城二の丸
妙心寺　退蔵院　桂春院 玉鳳院　霊雲院　東海庵書院 （嵐山）	小結	平等院　高台寺　南禅院 真珠庵　孤篷庵　（笠置山）
旧嵯峨院大沢池　龍安寺 照福寺 （御室）（雙ケ丘）（るり渓）	前頭	聚光院　大仙院方丈　円通寺 曼殊院　南禅寺方丈　清風荘 不審菴　今日庵　本法寺 平安神宮神苑　無鄰菴 對龍山荘　霊洞院　智積院 燕庵　渉成園　（円山公園） 円徳院　成就院　滴翠園 酬恩庵

（横綱……特別名勝・特別史跡、大関……特別名勝・史跡、関脇……特別名勝、小結……名勝・史跡、前頭……名勝）

この番付表は、国の名勝・史跡指定を基準に、ひとつの目安として、作成したものであり、決して優劣を表現しているものではありません。もちろん、表にない庭園でも素晴らしいお庭は京都に数多く存在します。自分だけのお気に入りの庭を探してみるのも楽しみ方のひとつです。

◆形式上の分類

池泉庭園	池泉舟遊式……大覚寺・神泉苑（往古）ほか
	池泉回遊式……二条城二の丸ほか
	池泉観賞式……智積院・成就院ほか
枯山水	平庭式……龍安寺・東海庵ほか
	準平庭式……金地院・円通寺ほか
	築山式……円徳院ほか
	枯池式……退蔵院ほか
	枯流式……大仙院・酬恩庵ほか
露地（茶庭）	草庵風……不審菴・今日庵ほか
	書院風……孤篷庵ほか

第8章 庭めぐり

池泉庭園

問題1 大覚寺境内にある、有名な庭園関係の貴重な史跡とは、どれでしょうか。
①青女の滝　②華厳の滝　③音無の滝　④名古曽の滝

問題2 平安時代の庭の様式を伝える、大覚寺にある池の名は？
①沢池　②広沢池　③猿沢池　④大沢池

問題3 平等院や浄瑠璃寺に見られる庭の形式を何と呼ぶでしょうか。
①楽式庭園　②浄土式庭園　③桃源郷庭園　④蓬莱庭園

問題4 平安神宮神苑、無鄰菴(むりんあん)などの庭を手がけた小川治兵衛は第何代目でしょう。
①五代目　②七代目　③九代目　④十一代目

問題5 醍醐寺三宝院の特別名勝庭園にある名石中の名石といえば？
①藤戸石　②殺生石　③さざれ石　④観音石

☆　☆　☆　☆　☆　☆

問題6 智積院の名勝庭園にある築山のモデルとなった中国の山は？
① 泰山
② 黄山
③ 廬山（ろざん）
④ 峨眉山（がびさん）

問題7 晩年、詩仙堂に隠棲（いんせい）した石川丈山が手がけた名勝庭園は？
① 渉成園（しょうせいえん）
② 百華園
③ 擁翠園（ようすいえん）
④ 滴翠園（てきすいえん）

問題8 曲水（きょくすい）の宴で流れに浮かぶ水鳥の形をしたものを何と呼ぶでしょうか。
① 杯鳥（さかずきどり）
② 羽觴（うしょう）
③ 歌使い
④ 鴛鴦（おしどり）

問題9 平重盛の邸、小松殿ゆかりの庭の名前は？
① 清風荘
② 碧雲荘（へきうんそう）
③ 織寶苑（しょくほうえん）
④ 積翠園（しゃくすいえん）

智積院の名勝庭園です。モデルとなっている中国の山は？

第8章 庭めぐり

枯山水

問題10 「枯山水」の定義として適切な表現はどれでしょう。
① 石と砂しか使わない庭
② 禅寺だけにみられる庭
③ 水を一切使わない庭
④ 山水の景観を凝縮した庭

問題11 慈照寺（銀閣寺）庭園で白砂で作られた山型の台を何というでしょう。
① 向陽台
② 向月台
③ 向砂台
④ 向天台

問題12 普請奉行として、作庭家として、また茶人としても名高い北近江出身の武将は誰でしょう。
① 細川幽斎
② 細川三斎
③ 古田織部
④ 小堀遠州

問題13 大仙院書院前庭にある見立ての石の中にないものはどれでしょうか。
① 観音石
② 滝石組
③ 宝船
④ 釈迦三尊石

問題14 雪舟作と伝わる庭が残る芬陀院はどの寺の塔頭でしょうか。
① 東福寺
② 大徳寺
③ 相国寺
④ 建仁寺

問題15 狩野元信作と伝わる庭が残る退蔵院はどの寺の塔頭でしょうか。
① 妙心寺
② 南禅寺
③ 天龍寺
④ 仏光寺

問題16 方丈の三方向にある枯山水庭園がそれぞれの個性を見せ、名勝にも指定されている一休禅師ゆかりの寺院は？

① 南宗寺　② 建仁寺　③ 酬恩庵（しゅうおんあん）　④ 真珠庵

☆

問題17 西本願寺の書院前庭は中国の景勝の名が冠されています。さてそれは？

① 廬山　② 泰山　③ 西湖　④ 虎渓

☆☆☆

問題18 名作庭家としても名高い小堀遠州のもとで、その手腕を発揮したという作庭家は？

① 相阿弥　② 善阿弥　③ 賢庭　④ 石川丈山

☆☆☆

問題19 龍安寺の枯山水を絶賛した外国の要人は誰でしょう。

① チャップリン　② エリザベス女王　③ ヘレン・ケラー　④ ダイアナ妃

☆☆☆

離宮・大名庭園

問題20 二条城二の丸庭園を手掛けたといわれる人物は？

① 古田織部　② 小堀遠州　③ 本阿弥光悦　④ 角倉了以

☆

問題21 二条城南辺の土地はもともと、何の一部だったでしょうか。

① 聚楽第　② 内裏　③ 神泉苑　④ 鴻臚館（こうろかん）

☆

問題22 桂離宮を絶賛した建築家ブルーノ・タウトはどこの国の人でしょうか。

☆

第8章 庭めぐり

問題23 桂離宮の庭の一部はある景勝の地を見立てています。どこでしょうか。
①イギリス ②フランス ③ドイツ ④イタリア
①天橋立 ②松島 ③宮島 ④龍田川

問題24 仙洞御所庭園に使われている一升石はどこから運び込まれたものでしょうか。
①塩竈 ②三保 ③小田原 ④気比

近代・現代の庭

問題25 無鄰菴の庭を作らせる折、小川治兵衛にそのイメージを指示した人物とは誰でしょうか。
①伊藤博文 ②山県有朋 ③西郷菊次郎 ④北垣国道

問題26 哲学の道の近くにある橋本関雪記念館は、画家橋本関雪の旧宅ですが、関雪はその邸宅・庭園を何と名付けたでしょうか。
①白沙村荘 ②碧雲荘 ③有芳園 ④和輪庵

問題27 重森三玲が手掛けた三種類の庭がある洛西の神社はどこでしょうか。
①大原野神社 ②長岡天満宮 ③野宮神社 ④松尾大社

問題28 中根金作が手掛けた余香苑という庭のある寺院はどこでしょうか。
①法金剛院 ②仁和寺 ③広隆寺 ④退蔵院

問題29　重森三玲が大徳寺瑞峯院で作庭したのは独坐庭ともう一つ、さてそれは次のうちどれ？
① 百積庭　② 閑眠庭　③ 七五三の庭　④ 蓬莱の庭
☆☆

問題30　次のうち、小川治兵衛が手掛けた庭でないのは？
① 對龍山荘　② 織寶苑　③ 碧雲荘　④ 南禅寺大寧軒
☆☆

問題31　重森三玲が東福寺の山内で作庭したのは次のうち、どれでしょう。
① 芬陀院鶴亀の庭　② 即宗院室町の庭　③ 龍吟庵龍の庭　④ 天得院桔梗の庭
☆☆☆

108

第8章 庭めぐり

【解説と答】

問題1 大覚寺境内にある庭園関係の貴重な史跡とは？

百人一首の「滝の音は絶えて久しくなりぬれど名こそ流れてなほ聞こえけれ」という藤原公任の歌でも有名なこの**名古曽の滝**は、嵯峨院離宮の庭に造られたものと伝えられます。歌からもわかるように、水は早くに枯れたようで、「今昔物語」では百済河成が作庭したものと伝えられます。正11年には名勝に指定され、平成6年からの発掘調査で中世の遺水が発見され、平成11年に復元が完了し、大覚寺にある池の名は？

【答 ④名古曽の滝】

問題2 大覚寺にある池の名は？

大覚寺境内の東にある大沢池は中国の洞庭湖に見立てられ、池を見渡す位置に本堂(五大堂)が建てられています。この池が一年で最も注目を集めるのは、やはり、**観月の夕べ**でしょう。初秋の風が吹くころ、龍頭鷁首船に乗って観る月は平安王朝を彷彿とさせてくれます。

【答 ④大沢池】

問題3 平等院や浄瑠璃寺に見られる庭の形式を何と呼ぶでしょうか。

末法思想が広がると、人々は浄土への憧れを強く持つようになり、浄土を表現したのが**浄土式庭園**です。大きな池の向こうに浄土の主である仏様がいらっしゃるお堂が建ちます。建物と池の見事な調和にまるで浄土にきたような至福の思いが身を包みます。

【答 ②浄土式庭園】

問題4 平安神宮神苑、無鄰菴など多数の庭を手がけた小川治兵衛は第何代目でしょう。

江戸時代の中ごろ、宝暦年間(1751〜64)より代々続く植木屋治兵衛の当主の名が**小川治兵衛**、通

称「**植治**（うえじ）」です。七代目は明治10年（1877）、この植木屋治兵衛に養子として入り、小川治兵衛の名を継ぎました。手掛けた庭は、**無鄰菴**（左京区）、**平安神宮神苑**（左京区）をはじめ、**清風荘**（左京区）、**洛翠**（左京区）、**白河院**（左京区）、**並河靖之邸**（東山区）、**對龍山荘**（たいりゅう）（東山区）、**円山公園**（東山区）など枚挙にいとまがありません。またその息子保太郎は、後に八代目を継ぎ「**白楊**」（はくよう）と呼ばれます。手掛けた庭は、父である七代目との合作も含まれます。現在は十一代目が現役の当主です。**碧雲荘**（へきうん）（左京区）、**織寶苑**（左京区）、**都ホテル佳水園**（東山区）、**伏見桃山御陵**（伏見区）など。

〔問題5〕醍醐寺三宝院の特別名勝庭園にある名石中の名石といえば？

醍醐寺にある三宝院（伏見区）の庭園は豊臣秀吉が醍醐の花見のために造らせたともいわれます。豪壮華麗な庭に立つ台形の一枚岩が**藤戸石**です。謡曲「藤戸」で、平家軍攻略のため、海にできる道を教えてくれた親切な漁師を源氏方の武将が口封じのために殺し、その体を隠したとされる浮洲岩（うきす）が藤戸石とされています。様々な歴史上の人物を経て、最後は秀吉の手に渡ったという話です。

〔答 ①藤戸石〕

〔問題6〕智積院の名勝庭園にある築山のモデルとなった中国の山は？

中国の江西省にある仏教の聖地**廬山**（ろざん）。智積院（東山区）第七世、**運敞僧正**（うんしょう）は池の奥に築山を設け、廬山をイメージしました。築山の頂上付近の石塔は、廬山の東林寺を暗示しているかのようです。この庭は書院に座ってゆっくり眺める庭で、**池泉観賞式、池泉座視式庭園**と分類されます。いつまでも歩いていたい庭といつまでも座って眺めていたい庭どちらがお好みでしょうか。

〔答 ③廬山〕

〔問題7〕詩仙堂に隠棲（いんせい）した石川丈山が手がけた名勝庭園は？

武将として徳川家康に仕えた石川丈山が手がけたという庭の一つが**渉成園**（しょうせい）（下京区）です。枳殻（からたち）の木が

110

第8章 庭めぐり

問題8　植えられていたことから枳殻邸(きこく)とも呼ばれています。東本願寺(下京区)の飛び地境内ですが、この地は平安時代の貴族、源融(とおる)ゆかりの河原院の地であったとされています。

〔答　①渉成園〕

曲水の宴で流れに浮かぶ水鳥の形をしたものを何と呼ぶでしょうか。

城南宮(伏見区)や上賀茂神社(北区)で有名な曲水の宴。庭を流れる小さな川に浮かべた盃が自分の前に流れてくる前に、歌を書き、盃の酒を飲むという風流な歌会です。盃をそのまま川に浮かべたのでは流れませんので、水鳥を象(かたど)った木船、羽觴に盃を乗せます。觴とは「さかずき」のことで、文字通り羽のついた盃のことです。

〔答　②羽觴(うしょう)〕

問題9　平重盛の邸、小松殿ゆかりの庭の名前は？

平清盛の長男、重盛は東山の小松谷に屋敷を構えたことから「小松の大臣(おとど)」とも呼ばれました。重盛の屋敷にあった庭が、東山武田病院(東山区)の中庭として残る「積翠園(しゃくすいえん)」です。後世に改修補修の手が加えられているものの、地割りや夜泊石(やどまりいし)(「よどまりいし」とも読みます)が見られ、不老不死の地とされる蓬莱山を表現した庭園であることがわかります。

〔答　④積翠園〕

問題10　「枯山水」の定義として適切な表現はどれでしょう。

城南宮で催される曲水の宴。盃を乗せた台(羽觴)が流れてくる前に歌を詠む

花や草木や苔のある枯山水もあります。山水の景観を凝縮した庭は、水を使った庭にもよく見られます。つまり、枯山水は禅寺を中心に発展しましたが、他の宗派の寺や神社、個人の家にも枯山水はあります。枯山水の最大公約数は「水を一切使わない庭」。英語では「ドライガーデン」「ドライランドスケープガーデン」と訳されます。

【答 ③水を一切使わない庭】

問題11　慈照寺（銀閣寺）庭園で白砂で作られた山型の台を何というでしょう。

銀閣寺の庭園が作庭された当初は**向月台**はなかったと考えられています。円錐形の白砂の上部を切り落としたオブジェですが、作られた理由ははっきりわかりません。その名の通り月を意識したものと考えられますが、自由な発想が許されるならば、月の見える方角に盛られないかと考えます。月を客として招くための台ではないかと考えます。

【答 ②向月台】

問題12　普請奉行として、作庭家として、また茶人としても名高い北近江出身の武将は誰でしょう。

小堀遠州は本名を小堀政一といい、北近江の小堀村に生まれ、豊臣秀吉や徳川家康に仕えた武将です。京都では伏見奉行も務め、また土木・建築・造園にも精通していたため、多くの庭園や茶室を残しています。手掛けた庭には、南禅寺金地院庭園（左京区）や二条城二の丸庭園（中京区）、仙洞御所庭園（上京区）など枚挙にいとまがありません。**古田織部**に茶の湯を学び、遠州流の祖となり**孤篷庵**と号しました。**遠江守**に任ぜられたことから「遠州」と呼ばれました。

【答 ④小堀遠州】

問題13　大仙院書院前庭にある見立ての石の中にないものはどれでしょうか。

大徳寺塔頭の大仙院（北区）には有名な庭園が二か所あります。一般にはこちらが有名で、書院の横に広がる庭園です。一つは本堂方丈の南庭。もう一か所は滝から水が流れ出て大海に辿り着くまでの山水を凝縮した大自然のミニチュアです。石や石組も様々なものに見立てられ、滝や宝船、観音菩薩や不動明王

第8章 庭めぐり

に見立てた石はありますが、釈迦如来、普賢菩薩、文殊菩薩に見立てた釈迦三尊石組はありません。

〔答 ④釈迦三尊石〕

問題14 芬陀院はどの寺の塔頭でしょうか。

水墨画の大家として名高い雪舟がプロデュースした庭園は、山口や島根、広島など中国地方にも伝わります。一流のアーティストは様々なジャンルで才能を発揮するようですね。雪舟は若いころ、東福寺で修行をしていました。**芬陀院**（東山区）はその塔頭の一つです。

〔答 ①東福寺〕

問題15 退蔵院はどの寺の塔頭でしょうか。

狩野元信は室町画壇の中心的存在でした。峻厳、豪快な筆致が特徴の中国伝来の水墨画と抒情的な日本古来の大和絵を調和させ、日本人好みの障壁画を残しています。特に妙心寺の塔頭霊雲院（右京区）には元信の描いた山水図などが伝わります。妙心寺境内で霊雲院から南に、「**瓢鮎図**」で知られる退蔵院（右京区）があります。方丈の西に広がる枯山水は石も彩りが豊かで、画家が作庭したという伝説が生まれても不思議はありません。

〔答 ①妙心寺〕

問題16 枯山水庭園が名勝にも指定されている一休禅

一休さんゆかりの寺院、酬恩庵（一休寺）の庭園

師ゆかりの寺院は？

一休宗純禅師が晩年住んでいた寺院で、本堂方丈の庭園が名勝に指定されているのは**酬恩庵 一休寺**(京田辺市)です。室町時代には、薪村(たきぎ)と呼ばれ、今でも同志社大学田辺キャンパスの辺りに地名が残っています。一休さんは村人に一休寺納豆という保存食を教えました。村人からすすめられた小豆汁を「善き哉、この汁」と誉(ほ)めたことから、「善哉(ぜんざい)」と名付けられたという伝説もあります。

〔答 ③酬恩庵〕

問題17

西本願寺の書院前庭は中国の景勝の名が冠されています。さてそれは？

「**虎渓三笑(こけいさんしょう)**」という故事があります。画題として取り上げられることが多いのですが、庭の題材として使われているのは西本願寺(下京区)書院の庭です。ある時**陶淵明(とうえんめい)**と**陸修静(りくしゅうせい)**という二人の友人が慧遠(えおん)のもとを訪ねましたが、その見送りの際も三人は話に夢中になり、うっかり虎渓にかかる橋を出てしまったので、そこから外には出ないことにしていました。**慧遠**は虎渓にかかる橋を境として、決して後は大笑いをしたという話です。西本願寺書院前庭は、**虎渓の庭**と呼ばれる特別名勝庭園です。洞庭湖を模したのは旧嵯峨離宮庭園(大覚寺、右京区)で、**廬山の庭**と呼ばれるのは智積院(東山区)の池泉庭園です。

〔答 ④虎渓〕

問題18

小堀遠州のもとで、その手腕を発揮したという作庭家は？

相阿弥は室町時代の同朋衆で画家として有名でしたが、作庭にも通じていたようで、青蓮院(東山区)、成就院(東山区)、龍安寺(右京区)、慈照寺(銀閣、左京区)庭園などを手掛けました。伏見城から移築したという円徳院(東山区)の名勝庭園などの庭に関わっていたという説があります。**善阿弥**も同じく室町時代の人物で、足利義政から信頼され、その才能を発揮しました。**賢庭**は小堀遠州の右腕として若い時から作庭にその才能を発揮しました。また南禅寺金地院(左京区)の鶴亀の庭も、遠州プロデュースのもと、賢庭の作と伝わっています。

第8章　庭めぐり

問題19　龍安寺の枯山水を絶賛した外国の要人は誰でしょう。

賢庭がディレクティングをしたともいわれています。石川丈山はもと徳川家康配下の武将で、隠棲後京都での栖家とし、詩仙堂（左京区）や渉成園（枳殻邸、下京区）の庭などを手がけました。〔答　③賢庭〕

昭和50年（1975）5月、来日した英国のエリザベス女王が龍安寺（右京区）の庭を絶賛したそうです。龍安寺の庭が世界的に有名になったきっかけの一つでしょう。龍安寺は、室町幕府の管領で応仁の乱の東軍の元締でもあった細川勝元が創建した妙心寺派の禅寺です。「龍安寺の石庭」として知られる枯山水の方丈前庭があまりにも有名ですが、鏡容池を含む境内の庭も名勝に指定されるほどの名庭です。初夏になりますと池一面に睡蓮の花が咲きます。〔答　②エリザベス女王〕

問題20　二条城二の丸庭園を手掛けたといわれる人物は？

初期の二条城は徳川家康の命で造営されました。現在の二の丸は孫である徳川家光が後水尾天皇と東福門院を迎えるために拡張した部分です。二の丸庭園を手掛けたのは作庭の名手といわれた小堀遠州でした。建築、造園、茶にも精通していたため、多くの庭園や茶室を残しています。〔答　②小堀遠州〕

作庭の名手として知られる小堀遠州の手がけた二条城二の丸庭園

問題21 二条城南辺の土地はもともと、何の一部だったでしょうか。

平安京が造営されたころ、二条城の南のあたりには**神泉苑**（中京区）と呼ばれる宮中直轄の庭がありました。現在もその一部が二条城の南側に残っています。当時は二条城の敷地の一部も含む広大な池泉庭園だったのです。豊富なわき水は今も二条城の堀を潤し、現在の**御池通**の名前の由来もこの神泉苑にあるのです。

【答 ③神泉苑】

問題22 ブルーノ・タウトはどこの国の人でしょうか。

ドイツ人建築家ブルーノ・タウトは1880年生まれ。パリから世界に広がりつつあったアールヌーボーを通して日本の芸術に関心を持ちました。ナチスから親ソ連派と見なされ、1933年に日本に亡命しました。**桂離宮**（西京区）に日本の伝統美を見いだし、数寄屋造の中にモダニズム建築に通じる近代性があることを指摘しました。

【答 ③ドイツ】

問題23 桂離宮の庭の一部はある景勝の地を見立てています。どこでしょうか。

桂離宮は、江戸時代初期に**八条宮智仁親王**が造営した別荘です。茅葺きの御幸門、島津家から献上された蘇鉄山、岬と灯台をイメージした洲浜や、**天橋立**に見立てた石橋があります。月の形をイメージした下地窓の茶室**笑意軒**や、月が正面にくるように設計された茶室**月波楼**など、まるで庭と建築のオーケストラです。ブルーノ・タウトが評価したのは、こうした素晴らしいコンビネーションだったのかも知れません。

【答 ①天橋立】

問題24 仙洞御所庭園に使われている一升石はどこから運び込まれたものでしょうか。

仙洞御所の見所のひとつが平安時代からの日本庭園の美的表現である**洲浜**です。池を海岸に見立てて石を敷きつめ、浜辺を彷彿させます。仙洞御所にある二つの池の洲浜は、一升石と呼ばれる長円形の平たい

第8章 庭めぐり

小石が敷きつめられています。その数は11万個以上とも。小田原藩主大久保忠真が領地にある海岸で、石一つに米一升を与えて集めさせたといわれ、「**小田原の一升石**」とも呼ばれているのです。晴れた日には白く見え、雨の日には黒く見えるという話です。

〔答 ③小田原〕

〖問題25〗 **無鄰菴**の庭を作らせる折、小川治兵衛にそのイメージを指示した人物とは？

同じ長州藩出身である伊藤博文の盟友で、第三代総理大臣も務めた**山県有朋**は豪放磊落な性格であったらしく、庭を造らせるにあたって、「暗い庭は性分に合わん！ とにかく、パッとした明るい庭を造ってくれ」と、**七代目小川治兵衛**に指示をしたという話です。こうして、それまでの京都の庭と全く異なった開放的な庭が誕生しました。苔の代わりに芝生が植えられたことも画期的です。また当時開通したばかりの**琵琶湖疏水**の水もふんだんに取り入れられました。明治の元勲はさぞや満足したことでしょう。後日、日露戦争の開戦を決める重要な会議がここで開かれました（無鄰菴会議）。

〔答 ②山県有朋〕

〖問題26〗 **橋本関雪**はその邸宅・庭園を何と名付けたでしょうか？

明治の画家、**橋本関雪**がアトリエ兼住まいとして大正5年に築造した建物と庭園で、現在はその一部が公開されています。持仏堂や茶室などの建物、お地蔵さんや国東塔などの石造物。回遊式の庭園を歩きますとそれらの文化財にも驚かされます。「**白沙**」は近くで産される白川砂からの命名です。すぐ近くの哲学の道には、よね夫人が植樹した桜が4月の上旬、**関雪桜**として、散策する人の目を楽しませてくれます。

〔答 ①白沙村荘〕

〖問題27〗 **重森三玲**が手掛けた三種類の庭がある洛西の神社は？

昭和50年に完成した**松尾大社**（西京区）の庭園三部作は、総称して「**松風苑**」と呼ばれていますが、エリアは大きく3つに分かれています。まず**上古の庭**。神が降臨したという磐座がモデルとなり、植えられ

た熊笹は深山の雰囲気を醸します。中央の巨大な石は男女の神を表しています。そして**曲水の庭**。平安時代の王朝文化をイメージした遣水は、その優美な曲線が見るものの心を和ませてくれます。最後に少し離れた位置にある**蓬莱の庭**。不老長寿の仙薬があるといわれた蓬莱島を巨大な池の中に配し、草花や木々の緑と相まって、四季折々の光景がゆっくりと楽しめる趣向です。

〔答 ④松尾大社〕

問題28　中根金作が手掛けた「余香苑」という庭のある寺院は？

　教科書などでもおなじみの国宝「**瓢鮎図**(ひょうねん)」で有名な、妙心寺の塔頭が**余香苑**です。広い池泉式回遊庭園には桜、躑躅(つつじ)、紫陽花(あじさい)、かきつばたなど、四季折々の花が豊富で秋には紅葉も楽しめます。また一番奥には、禅問答を描いたその「瓢鮎図」にちなんで、瓢箪型の池があり、本物のなまずが住んでいるのですが、なまずは夜行性で昼はほとんど活動しないため、拝観者の前にお目みえすることは少ないかも知れません。

〔答 ④退蔵院〕

問題29　重森三玲が大徳寺瑞峯院で作庭したのは「**独坐庭**(どくざ)」ともう一つ、さてそれは次のうちどれ？

　瑞峯院(北区)の本堂方丈の南にある庭が**独坐庭**で、北側にある庭が**閑眠庭**(かんみん)です。独坐庭は砂紋を海に見立て、そこに突き出す鋭い巨石を島に見立て、荒れた海にも動じない島に、俗界に身を置いても動じない禅の境地に重ね合わせているともいわれています。また、閑眠庭は石の配置を辿っていくと、それが十字架の形となり、その根元にはキリシタン灯籠（織部灯籠）が立つという趣向で、開基の**大友宗麟**がキリシタン大名であったことにちなんだのだといわれています。

〔答 ②閑眠庭〕

問題30　次のうち、小川治兵衛が手掛けた庭でないのは？

　對龍山荘(たいりゅう)(左京区)は七代目小川治兵衛が、**織寶苑**(左京区)と**碧雲荘**(左京区)は七代目と八代目が協力して造り上げたとされています。しかし、**南禅寺大寧軒庭園**(左京区)は明治のころ、藪内家の十一代目

第8章 庭めぐり

問題㉛ 重森三玲が東福寺山内では多くの庭を手掛けています。本坊の**八相の庭、北斗七星の庭**。また塔頭ではなく本山の直轄寺院で、東福寺第三代住持無関普門禅師が眠る聖地です。**龍吟庵**（東山区）は塔頭ではなく本山の直轄寺院で、東福寺第三代住持無関普門禅師が眠る聖地です。鎌倉時代に建てられた国宝の方丈の周りには、重森三玲が作庭した庭の世界が広がります。特に西庭は**龍の庭**とも呼ばれ、龍が雲の絶え間に見え隠れする激しいシーンがモチーフになっています。また東庭では禅師が信州にいた幼少のころ、狼に襲われそうになったとき、犬が助けてくれたという故事を赤い砂と黒い石で表現しています。

光明院（東山区）の**波心庭**などです。

重森三玲が東福寺の塔頭で作庭した庭といえるのは次のうち、どれでしょう。

透月斎竹窓が作庭にあたりました。琵琶湖疏水の水が取り入れられ、池には鯉が遊泳し、守山石を多用するところは、小川治兵衛の庭と共通するところがありますが、苔を多く残しているところは異なります。また完成してからもいろいろな石造物などが導入されたようで、玄武岩の柱状列石、蚕の社に見られる石の三柱鳥居、金吹石など庭の景物の面では異色の庭園といえるでしょう。しかし、書院の座敷から見るこの庭は、一幅の絵画を思わせるような遠近感に優れた庭といえるでしょう。

〔答 ④南禅寺大寧軒〕

〔答 ③龍吟庵龍の庭〕

ちょっとアタマの整理

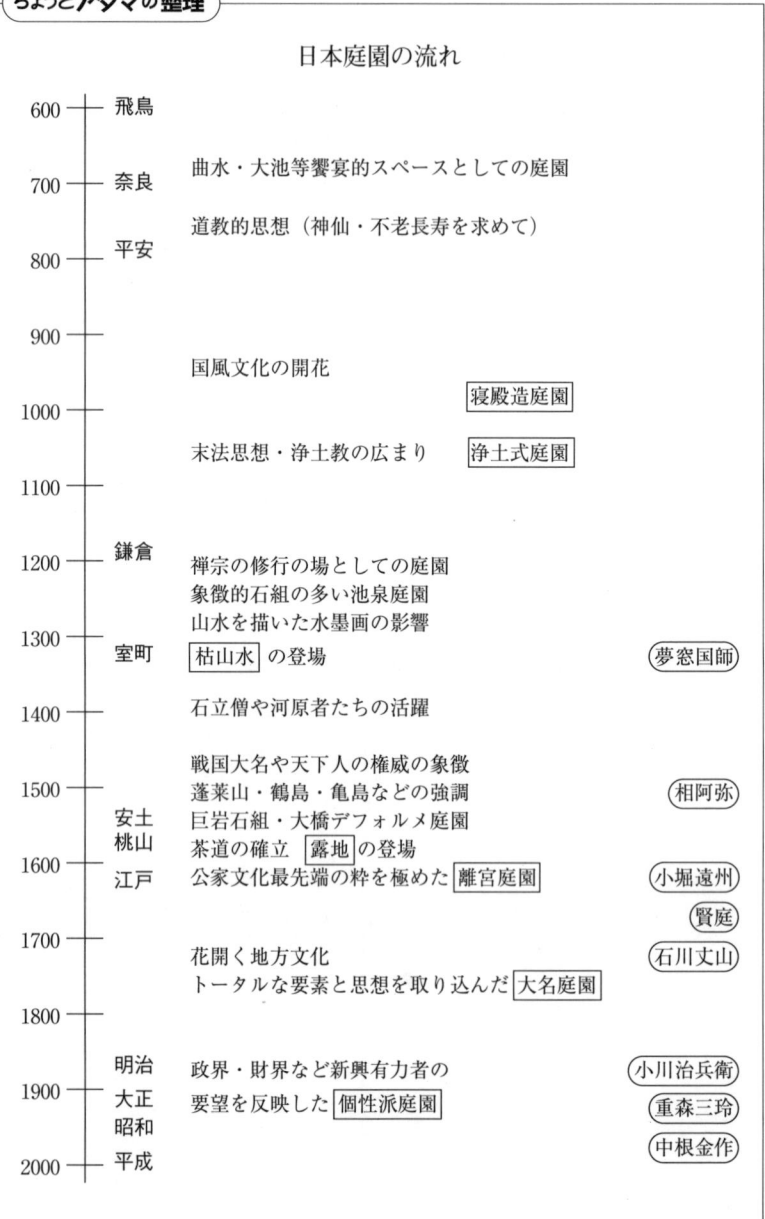

日本庭園の流れ

年代	時代	特徴	様式	人物
600	飛鳥			
700	奈良	曲水・大池等饗宴的スペースとしての庭園		
800	平安	道教的思想（神仙・不老長寿を求めて）		
900				
1000		国風文化の開花	寝殿造庭園	
1100		末法思想・浄土教の広まり	浄土式庭園	
1200	鎌倉	禅宗の修行の場としての庭園 象徴的石組の多い池泉庭園 山水を描いた水墨画の影響		
1300	室町	枯山水 の登場		夢窓国師
1400		石立僧や河原者たちの活躍		
1500		戦国大名や天下人の権威の象徴 蓬莱山・鶴島・亀島などの強調 巨岩石組・大橋デフォルメ庭園		相阿弥
1600	安土桃山／江戸	茶道の確立 露地 の登場 公家文化最先端の粋を極めた 離宮庭園		小堀遠州
1700		花開く地方文化 トータルな要素と思想を取り込んだ 大名庭園		賢庭 石川丈山
1800				
1900	明治／大正／昭和	政界・財界など新興有力者の 要望を反映した 個性派庭園		小川治兵衛 重森三玲
2000	平成			中根金作

第9章　建築あれこれ

門

問題1　石川五右衛門伝説で有名な三門はどの寺でしょうか。
①大徳寺　②南禅寺　③知恩院　④東福寺

問題2　北野天満宮の中門は「三光門」とも呼ばれていますが、この三光とは？
①日月星　②雪月花　③金銀銅　④天地人

問題3　唐門とはどういう形式の門でしょうか。
①竜宮城を連想させる門　②唐様で造られた門　③唐織のように豪華な門　④唐破風の付いた門

問題4　不明門（あけずのもん）通という南北の通りがありますが、この門とは次のうちどの門を指すでしょう。
①仏光寺　②平等寺　③東本願寺　④五条天神社

問題5　開かずの門であった京都御苑の蛤御門が開いた大火事は？
①天明の大火　②宝永の大火　③禁門の変　④鳥羽伏見の戦い

☆　☆　☆　☆　☆　☆

問題6 三門の二階に「共命鳥（ぐみょうちょう）」という鳥が描かれているのはどこでしょうか。
① 東福寺　② 知恩院　③ 大徳寺　④ 萬福寺
☆☆☆

塔

問題7 現在の東寺五重塔が持つ木造建築としての記録は？
① 日本一古い　② 日本一高い　③ 日本一の再建回数　④ 京都一古い
☆

問題8 室町時代、100メートルを超す高さの塔が建てられた寺院はどこでしょうか。
① 天龍寺　② 相国寺　③ 建仁寺　④ 東福寺
☆

問題9 「文殊の塔」という別名を持つ三重塔がある寺院はどこでしょうか。
① 松尾寺　② 岩船寺　③ 真如堂　④ 金戒光明寺
☆

問題10 塔の背骨ともいうべき中心となる柱を何と呼ぶでしょう。
① 心柱（しんばしら）　② 四天柱　③ 龍骨柱　④ 九輪柱
☆

問題11 「八坂の塔」とも呼ばれる法観寺の五重塔が傾いたとき、法力で元に戻したと伝わる人物は誰でしょう。
① 役行者（えんのぎょうじゃ）　② 弘法大師　③ 安倍晴明　④ 浄蔵（じょうぞう）
☆☆

第9章　建築あれこれ

寺院の伽藍

問題12　九体の阿弥陀如来像を安置する阿弥陀堂を本堂とする寺院は？
① 安国寺　② 平等院　③ 西本願寺　④ 浄瑠璃寺　☆

問題13　禅寺でみかける「法堂」は何と読むでしょうか。
① ほうどう　② ほっとう　③ はっとう　④ のりどう　☆

問題14　「金堂(こんどう)」の名の由来は何でしょうか。
① 金色に輝く御堂
② 建設費用が最もかかる御堂
③ 金色に輝く仏を祀る堂
④ 伽藍の西端に位置する堂
☆

問題15　西陣にありながら、応仁の乱の兵火を奇跡的に免れた本堂のある寺院はどこでしょうか。
① 上品蓮台寺　② 引接寺　③ 大報恩寺　④ 雨宝院　☆☆

問題16　禅寺の三黙堂(さんもくどう)に入らない建物はどれでしょうか。
① 僧堂(禅堂)　② 東司　③ 浴室　④ 方丈　☆☆

問題17　日本で2棟しかない国宝指定の庫裏(くり)を擁する門跡寺院はどこでしょうか。
① 三千院　② 曼殊院　③ 青蓮院　④ 妙法院　☆☆

問題18　現在の仁和寺金堂は内裏（御所）の建物を移築したものです。その建物とは？

①紫宸殿　②清涼殿　③化粧御殿　④御里御殿

もともとは内裏にあったという仁和寺の金堂。内裏ではなんと呼ばれていたでしょう

神社の建築物

問題19　祇園造という独特の社殿の形態を持つ神社はどこでしょうか。

☆☆☆

☆

124

第9章　建築あれこれ

問題20 京都三鳥居に入らない鳥居はどれでしょうか。
① 八坂神社　② 恵比寿神社　③ 安井金毘羅宮　④ 粟田神社

問題21 海外によく紹介される伏見稲荷大社の千本鳥居が登場する映画は？
① SAYURI　② 硫黄島からの手紙　③ ラストサムライ　④ 千年の恋

問題22 権現造と呼ばれる構造の社殿のある神社はどこでしょうか。
① 伴氏社（とものうじしゃ）　② 蚕の社　③ 厳島神社　④ 平安神宮

問題23 八角形の特殊な構造を持つ社殿のある神社はどこでしょうか。
① 伏見稲荷大社　② 松尾大社　③ 北野天満宮　④ 長岡天満宮

問題24 神社の中で最古の木造建造物が残る宇治市の神社はどこでしょうか。
① 三宅八幡宮　② 大原野神社　③ 吉田神社　④ 大豊神社

問題25 権殿という神社独特の建物の役割はなんでしょうか。
① 宇治神社　② 宇治上神社　③ 許波多神社（こはた）　④ 白山神社

① 本殿のピンチヒッター
② 神に供える食事を調理するキッチン
③ 舞や雅楽を奉納するステージ
④ 勅使を迎える応接室

☆☆　☆☆　☆☆　☆☆　☆　☆

【解説と答】

問題1 石川五右衛門伝説で有名な三門はどの寺でしょうか。

石川五右衛門は実在した人物です。「絶景かな、絶景かな、春の眺めは値千金とは、小せえ、小せえ」という口上で有名な歌舞伎**「楼門五三桐（さんもんごさんのきり）」**は、天下の大泥棒、石川五右衛門が南禅寺（左京区）三門の上から、真柴久吉、つまり、羽柴秀吉に対して言い放った場面を描いたとして、あまりにも有名です。しかし、現在の三門が建てられたのは、大坂夏の陣の後。五右衛門や秀吉の登場はあくまでも創作で、歌舞伎の中での話です。

〔答 ②南禅寺〕

問題2 北野天満宮「三光門」の三光とは？

三光とは、太陽、月、星です。**北野天満宮**（上京区）の中門に、それぞれあしらわれているという話です。見上げてみると、赤く塗られた太陽、うさぎと組み合わされた三日月が目に入ります。しかし、星は見つかりません。実はこれが北野天満宮の七不思議の一つ**「星欠けの三光門」**。門の真上に北極星が輝いていたために刻まれていないと伝えられています。

〔答 ①日月星〕

問題3 唐門とはどういう形式の門でしょうか。

独特の反り返った曲線屋根の形式を**「唐破風（からはふ）」**といい、その門を特に**「唐門」**と呼びます。身近なところでは、銭湯の玄関などでよく目にしますね。勅使門や御殿の車寄せ前の門など、高貴な方が通られる場所に作られることが多いようです。正面に唐破風がある門が**向唐門**、豊国神社（東山区）や西本願寺（下京区）の唐門がその典型です。また両サイドが唐破風になっている門を**平唐門**といい、三宝院（伏見区）など

126

第9章　建築あれこれ

問題④
不明門通という通りの門とはどこの門を指すでしょう。

不明門通(あけずもん)と書いて「あけずどおり」と読みます。オフィス街を貫く烏丸通から一本東側の南北の通りで、高辻通辺りから京都駅前の塩小路通まで続いています。名前の由来は、通りの北限を塞いでいる因幡薬師(平等寺、下京区)の不明門(あけずのもん)にあるという話です。

五条通からこの「不明門通」を北へ向かって歩いていますと、お寺のお堂の甍が徐々に迫ってきます。この大きなお堂のあるお寺が平等寺、通称で因幡薬師といいます。在原業平の兄である行平が因幡国(鳥取県)から都へ帰ってきた時、彼を慕って薬師如来が遠く因幡から飛んできたという伝説が残っています。

〔答　③唐破風の付いた門〕

問題⑤
京都御苑の「蛤御門」が開いた大火事は？

もともと新在家御門と呼ばれた蛤御門は、常に閉ざされていた開かずの門でした。宝永5年（1708）のいわゆる**宝永の大火**の際に初めて開門されたことから、焼けて口を開く蛤にたとえられたということです。その後、幕末の**禁門の変**(蛤御門の変)が開いた大火事は、現在の御苑一帯が戦場となり、この戦いで長州藩は会津・薩摩の連合軍に敗れました。最大の激戦地だっ

〔答　②平等寺〕

戦場にもなった蛤御門

127

問題6 た蛤御門には、今でも当時の弾痕が残っています。

【答 ②宝永の大火】

「共命鳥」という鳥が描かれているのはどこでしょうか。

共命鳥は、一体に二つの頭を持つ鳥として様々な経典に登場します。美しい姿や声を競い合った末、一方が一方に毒をもったところ、体が一つのため、自らの命も落としてしまっていました。人をねたんだり、さげすんだりすることは、結局わが身に降りかかってくるということなのでしょう。

問題7 東寺五重塔が持つ木造建築としての記録は？

東寺三門（東山区）の2階を飾っています。

【答 ①東福寺】

新幹線や近鉄電車の車窓から見る五重塔の麗しい姿は京都を代表する景観といえるでしょう。

現在の東寺（南区）五重塔は江戸時代初期、徳川家光が寄進したもので、平安時代の初代五重塔から数えて五代目で、再建されてから360年以上がたっています。高さは約55メートル。木造建造物では日本で一番の高さを誇ります。

問題8 室町時代、100メートルを超す高さの塔が建てられた寺院は？

【答 ②日本一高い】

南北朝が合一して7年後の応永6年（1399）、高さ約110メートルという巨大な七重塔が相国寺（上京区）に完成します。しかし4年後、落雷によってこの大塔はあえなく焼失してしまいました。残っていれば日本一の高さであることはもちろんのこと、その威容は金閣をもしのぐ注目の的となっていたことでしょう。今では「塔ノ段」という町名だけが往時を偲ばせてくれます。

【答 ②相国寺】

問題9 「文殊の塔」という別名を持つ三重塔がある寺院は？

黒谷さんの名で親しまれている金戒光明寺（左京区）。江戸幕府二代将軍徳川秀忠の追善供養が縁で、西

第9章 建築あれこれ

問題10

にあった山上の塔の本尊、中山文殊が三重塔の本尊として移され、「文殊の塔」という名で呼ばれています。同寺の**文殊菩薩像**は鎌倉時代に彫られ、獅子にまたがった勇ましい姿です。京都国立博物館が修理、調査した際、頭部に金属製の円筒形の納入物3個の存在が確認されています。

塔の中心となる柱を何と呼ぶでしょう。

〔答 ④金戒光明寺〕

塔を上から下まで貫く**心柱**の周りに**四天柱**があり、さらに側柱が並びます。驚くべきことは、背骨である心柱は各層と完全には連結していないというのです。地震の際には心柱が揺れを吸収する「**心柱振動吸収説**」や、五重構造自体の弾性が揺れを受け流すとされる「**柔構造説**」など諸説あり、耐震性のメカニズムについてはいまだ解明されていません。

などが、3年計画で千葉県内の五重塔に地震計を設置して耐震性の解明に向けた観測を始めています。平成19年4月からは、防災科学技術研究所(茨城県つくば市)

問題11

「八坂の塔」とも呼ばれる法観寺の五重塔が傾いたとき、法力で元に戻したと伝わる人物は？

〔答 ①心柱〕

浄蔵は平安時代の僧侶です。熊野や金峯山で苦行を積み、天暦2年(948)に法観寺(東山区)の塔が西に傾いた際に法力で直したなど、霊験に

文殊菩薩を本尊とし、「文殊の塔」とも呼ばれている金戒光明寺の三重塔

問題12 まつわる話が数多く伝わります。現存する**法観寺五重塔**は、高さ46メートル。室町幕府六代将軍足利義教によって建立されましたが、破損が激しかったために江戸時代初期に幕府の命令で大規模な修理が行われたということです。

〔答 ④浄蔵〕

問題13 九体の阿弥陀如来像を安置する阿弥陀堂を本堂とする寺院は？

京都と奈良の県境にほど近い、木津川市加茂町にある古刹です。国宝の阿弥陀堂（本堂）のほか、同じく国宝の三重塔、また史跡・特別名勝に指定されている浄土式の庭園でも有名です。本堂は**九体阿弥陀堂**とも呼ばれ、平安時代中期から後期にかけて流行した仏堂様式で、往時は30以上もあったといわれていますが、現存するのは浄瑠璃寺のみです。阿弥陀如来が九体安置されているのは、阿弥陀来迎の**九品思想**からきているのです。往生する際、その人の善悪によって、阿弥陀如来と二十五菩薩の出迎えの様式が9種類あるという考え方です。

〔答 ④浄瑠璃寺〕

問題14 「**法堂**」は何と読むでしょうか。

禅寺の**法堂**は、他宗の講堂にあたり、説法が行われる建物です。レクチャーホールといったところでしょうか。同様に、読み方が難しいのが、「**塔頭**」です。「たっちゅう」と読みます。これもなかなか読めない仏教用語ですね。

〔答 ③はっとう〕

問題15 「**金堂**」の名の由来は？

仏像を安置するお堂を金堂といいます。禅宗では仏殿です。仏を金人と呼んだことなどからこの名前があるといわれています。

〔答 ③金色に輝く仏を祀る堂〕

応仁の乱の兵火を免れた本堂のある寺院は？

「**千本釈迦堂**」とも呼ばれる**大報恩寺**（上京区）は、**義空上人**が鎌倉時代に開いた古刹です。本堂は創建

第9章　建築あれこれ

問題16 禅寺の三黙堂に入らない建物は？

三黙堂とは、言葉を発してはならないお堂のことです。寺によって指すお堂は微妙に異なりますが、**僧堂**（禅堂）・**東司**（便所）・**浴室**・**食堂**のうち、三つを指すことが多いようです。**方丈**とは仏事、居間など、いろんな機能を持ったお堂です。もともとはインドの**維摩居士**というたい頭のよい方が、一丈（約3メートル）四方の粗末な建物で、生活もお勤めもすべてのことを済ませていたことに由来します。日常の場でもあるこの方丈というお堂では言葉は使わざるをえません。

〔答　③大報恩寺〕

後まもなく建てられた御堂で、京都市内で数少ない鎌倉時代の木造建築物で、国宝にも指定されています。応仁の乱など数々の戦乱や災害を乗り越えて、いまなお美しい和様の建築美を見せています。

問題17 国宝指定の庫裏を擁する門跡寺院は？

庫裏とはお寺の台所のことで、多くの僧が修行する寺院ではその規模も当然大きくなります。重要文化財に指定されている庫裏は数多くありますが、国宝に指定されている庫裏は日本で2棟のみ。そのひとつが天台宗門跡寺院であ

〔答　④方丈〕

> **ちょっとアタマの整理**
>
> ◆建築様式の種類
>
> ①和　様　　　　飛鳥時代、仏教伝来とともに大陸から伝わった様式が日本で独自の発展を遂げていく。例）大報恩寺（千本釈迦堂）本堂・広隆寺講堂・三十三間堂
>
> ②唐　様（禅宗様）　鎌倉時代、禅宗の伝来とともに伝わった様式で、合理的な構造面と装飾的なフォルム、ディテールに特徴ある様式。例）東福寺禅堂・一休寺開山堂・建仁寺開山堂
>
> ③天竺様（大仏様）　大仏殿再建のために取り入れた中国宋様式の合理的工法。短期間で少ない部材で大建築を完成させるのに向く。例）（一部見受けられる建造物）東福寺三門・東寺金堂
>
> ④折衷様　　　　上記の組み合わせ。

問題18　仁和寺金堂は内裏の建物を移築したものです。その建物とは？

仁和寺（右京区）の大きな二王門から境内に入り、広々とした参道をまっすぐ進みますと、今度は中門をくぐります。左に御室の桜、右に五重塔が見えるころ、正面には寝殿造をまっ彷彿とさせてくれる立派な金堂が目に入ります。桃山時代に建てられた御所の紫宸殿を江戸時代初期に内裏から移築したものです。御所風の堂々たる外装はそのままに、寝殿造の内部は諸仏を安置する仏殿に適するよう、その一部がリフォームされました。

〔答　④妙法院〕

※る妙法院（東山区）にあります。ちなみにもうひとつの国宝の庫裏は松島の瑞巌寺（宮城県宮城郡松島町）にあります。

問題19　祇園造という社殿の形態を持つ神社は？

「祇園社」といえば八坂神社（東山区）のことです。七月の祇園祭や大晦日のをけら詣りでも有名ですね。通常、神社では本殿（神を祀る社殿）と拝殿（神を拝する社殿）は本来別々の建物なのですが、この八坂神社では本殿と拝殿が一体化され、大屋根の下に双方の機能を両立させているのです。外から見ると、巨大な本殿が何よりの特徴です。

〔答　①紫宸殿〕

問題20　京都三鳥居に入らない鳥居はどれでしょうか。

俗に、「京都三鳥居」とは、まず北野天満宮境内の伴氏社（上京区）前の鳥居。この鳥居の足元には蓮弁が彫られています。次に京都御苑内にある厳島神社（上京区）の鳥居。この鳥居の頭には唐破風が付いています。そして三つ目は太秦にある木嶋坐天照御魂神社、通称「蚕の社」（右京区）の三柱鳥居です。足が三本、非常に珍しい形です。平安神宮（左京区）の大鳥居は、昭和4年（1929）に建てられた鉄筋コ

〔答　①八坂神社〕

第9章　建築あれこれ

問題21 伏見稲荷大社の千本鳥居が登場する映画は？

ンクリート製の巨大鳥居で、国の登録有形文化財です。

映画「SAYURI」の主人公さゆりが、少女時代を回顧するシーンで**伏見稲荷大社**（伏見区）の**千本鳥居**が登場しました。映画では短いワンシーンでしたが、撮影は丸1日かかったそうです。鮮烈な朱の色

〔答　④平安神宮〕

問題22 権現造と呼ばれる構造の社殿のある神社は？

鳥居が登場しました。映画では短いワンシーンでしたが、撮影は丸1日かかったそうです。鮮烈な朱の色がどこまでも続いている――。千本鳥居は、写真や絵画、版画、着物の柄まで、芸術家たちのインスピレーションの源となっています。鳥居の総数は現在、五千本を越えるという話です。

〔答　①SAYURI〕

問題23 八角形の社殿のある神社はどれでしょうか。

北野天満宮（上京区）の現社殿は、その多くが**豊臣秀頼**の寄進によって建てられたものです。本殿と拝殿、両者をつなぐ石の間と回廊の役割を持つ社殿が一体となった権現造は、いわば社殿建築の集大成ともいえる豪華な造りです。

〔答　③北野天満宮〕

寺院建築では時折、八角形の建造物を目にすることがあります。奈良**法隆寺**の夢殿。京

権現造と呼ばれる北野天満宮の豪華な社殿（北野天満宮提供）

問題24 神社の中で最古の木造建造物が残る神社は？

宇治上神社（宇治市）の本殿は年輪年代測定により平安時代後期の建造物であることがわかりました。平成6年（1994）には世界遺産に指定されています。本殿は覆屋という建物で守られ、千年以上もの風雪に耐えてきました。拝殿は鎌倉時代の建造です。蟇股は平安時代後期の特徴を表す建造物の部材で、建築の専門書などではよく紹介されています。

〔答 ②宇治上神社〕

問題25 権殿という建物の役割はなんでしょうか。

権殿とは本殿の代わりの社殿で、本殿の建て替えの際などで臨時に神様をお迎えするところです。すべての神社に必ずある建物ではなく、むしろ珍しい社殿です。上賀茂神社（北区）では、本殿のすぐ横に建てての神社建築としては最古です。

都広隆寺（右京区）の桂宮院（非公開）。神社建築ではおそらく、吉田神社（左京区）が大変珍しいものです。本殿から少し吉田山の坂を上っていくと、八角形の大元宮があるのですが、普段、門の中は非公開であるため、建物の一部しか目にすることはできません。日本全国3000以上の神様が一堂に祀られているという珍しい社殿です。

〔答 ③吉田神社〕

神に供える食事を調理する台所棟は通常神饌殿、神饌所などと呼ばれています。また、歌舞音曲などを奉納する建物は舞殿と呼ばれます。また、勅使（天皇の使い）を迎える社殿は勅使殿と呼ばれています。は大炊殿と呼ばれています。

〔答 ①本殿のピンチヒッター〕

第10章　京の言の葉

町の京ことば

問題1　お使いで、「おだいときらず、買うてきてや」といわれました。さて、何を買えばよいでしょうか。

①大福餅とヒジキ　②大根とヒジキ　③大根とおから　④大福餅とおから

☆

問題2　他人のお宅を訪問した際、親が騒ぐ子供をたしなめるセリフで、通常使わない表現は？

①ほたえたらあかんて　②ほんまにもう、かなんなあ、この子　③てんごしなさんな　④五月の蝿(はえ)になったらあかんで

☆

問題3　訪問先から帰る際に、「お騒がせしました」というあいさつを京都では何といいますか。

①おしょらいさんどした　②おこうとさんどした　③おやかまっさんどした　④おきばりやした

☆

問題4　「じゅんさいな」という京ことばは、とらえどころのない様を表しますが、この由来となったジュンサイが生息する池は？

①宝ヶ池　②巨椋池　③大田の沢　④深泥池(みぞろがいけ)

☆☆

問題5 「はんなりと」という言葉は、上品な、奥深い明るさのことを指しますが、地味ではあるものの、上品で奥深いことを指す京ことばは？

① まったりと　② ほっこりと　③ こうとな　④ もっさい　☆☆☆

御所ことば

問題6 次のうち、御所ことばに由来をもつ言葉は？

① お勘定　② はばかり　③ お冷や　④ ラムネ　☆

問題7 御所ことばの「おもうさま、おたあさま」とは？

① お内裏様とお雛様　② 天皇、皇后両陛下　③ 父母　④ 兄と姉　☆

問題8 御所ことばで「そもじ」とは何のことでしょうか。

① そば　② 掃除　③ 葬式　④ そっくり　☆

問題9 御所ことばで「すもじ」という食べ物とは？

① 酢のもの　② 好きな食べ物　③ 寿司　④ すきやき　☆

問題10 御所ことばからでたとされる京ことばで「あも」とは何のことでしょうか。

① おもち　② 団子　③ せんべい　④ ぜんざい　☆☆

問題11 御所ことばで「おまな」とは何をさすでしょうか。　☆☆

第10章　京の言の葉

問題12　御所ことばをはぐくんだ現在の京都御所の場所に、天皇がその居を移したのは、いずれの天皇の時のことでしょうか。

① 名前　② 俎板　③ 魚類　④ 刺身

① 後白河天皇　② 後鳥羽天皇　③ 後醍醐天皇　④ 後小松天皇

☆☆☆

わらべうた

問題13　♪坊さん頭は丸太町……。京の通り名のわらべうたのなかで、二条通で何を買ったでしょうか。

① 家具　② 野菜　③ 薬　④ 魚

現在の京都御所の場所に、天皇が居を移したのは、いずれの天皇の時のことでしょうか。（写真は一般公開時の京都御所）

☆

問題14 ♪京の五条の橋の上……。牛若丸と弁慶が出会った五条の橋は、現在の何橋の位置に架かっていたでしょうか。

① 団栗橋　② 松原橋　③ 正面橋　④ 塩小路橋

☆

問題15 ♪京の京の大仏つぁんは、天火で焼けてな……。このフレーズに続く焼け残った御堂は？

① 三十三間堂　② 千本釈迦堂　③ 往生極楽院　④ 醍醐寺五重塔

☆

問題16 ♪歌の中山○○○、○○○の和尚さん坊さんで、牡丹に唐獅子、竹に虎、虎追うて走る和唐内……。このしりとりうたで、○○○に入るお寺はどこでしょうか。

① 聖護院　② 清凉寺　③ 誠心院　④ 清閑寺

☆☆

問題17 ♪主は焙炉（ほいろ）こがれていよとわたしゃ茶園でうわの空、○○は茶所、茶は縁どころ娘やりたや婿ほしや……。この茶摘みうたで、○○に入る地名は？

① 栂尾　② 宇治　③ 黄檗　④ 和束

☆☆☆

138

第10章　京の言の葉

【解説と答】

問題1　「おだいときらず、買うてきてや」と頼まれれば、何を買えばよいでしょうか。

「おだい」とは「大根」、「きらず」は「おから」のことです。頭に「お」をつけるのは、どこの地方でもあることですが、特に、京ことばではこの接頭語はよく使われます。「おぶう」(お茶)、「おばんざい」(日常のおかず)……。おからは関東では「うの花」、関西では「きらず」といいましたが、最近は「うの花」の方が一般的になりつつあるようです。きらずの語源は、おからは包丁を使わずに、つまり、「切らずに」調理や盛り付けができ、そのまま箸で食べられることからきたそうです。京都の町中では、月末にはきらずを使ったおかずを習慣的に食べていたようです。　〔答　③大根とおから〕

問題2　親が騒ぐ子供をたしなめるセリフで、通常使わない表現は？

「ほたえる」は「騒ぐ」。「かなん」は「かなわない」。「てんご」は「いたずら」のことです。ほたえるという動詞は京都のみならず、西日本各地でも使われることがあるようですね。坂本龍馬が刺客に襲われる直前、一階の激しい物音を、店の使いの騒ぐ音と勘違いして、「ほたえな」という場面がドラマなどでもあります。「五月蝿」は書き言葉としては「五月蝿い」と使いますが、口語で使われることはまずありません。　〔答　④五月の蝿になったらあかんで〕

問題3　「お騒がせしました」というあいさつを京都では何といいますか。

「お邪魔しました」が「おやかまっさんどした」という独特の京ことばになりました。昔は一般の家庭でもよく使われていたようですが、最近では花街や呉服などの大店などでしか、なかなか耳にすることが

問題4 ジュンサイが生息する池は？

できないようです。もっと丁寧に表現すると「えろう、おやかまっさんどした」。「えろう」の原型は「えらい」でこれは「偉い」という意味ではなく「たいへん」という意味の副詞に当たります。

〔答 ③おやかまっさんどした〕

ジュンサイは食用として、今も京料理などに使われます。表面がつるっとした独特の植物で、今も深泥池（北区）に生息していますが、現在は採取が禁じられています。ぬらぬらとして、どっちつかずで、とらえどころのないことを「じゅんさいな」といいます。またはっきりとした意思表示をせず、のらりくらりとしている人のことを「じゅんさいな人」と陰でいいます。

〔答 ④深泥池〕

問題5 地味ではあるものの、上品で奥深いことを指す京ことばは？

「はんなりと」という言葉は、「華あり」がもとで、「はなあり」「はななり」「はんなり」と変化したとされています。内面的に光るところのある明るさを指し、外面だけの華美な明るさとは一線を画します。

ジュンサイが生息する深泥池。この池の水生植物群落は天然記念物に指定されている

第10章　京の言の葉

問題6　御所ことばに由来をもつ言葉は？

この「はんなりと」と対極に、着物などの衣装や小物の柄などによく使われます。「地味ではあるが、内面からにじみ出る上品さを感じた時の褒め言葉として覚えておいてもいいかも知れませんね。「こうとな」は、江戸時代のお公家さんが質素ながらも、品格のあった様子が語源ではないかと推測されます。

〔答　③こうとな〕

問題7　「おもうさま、おたあさま」とは？

時代劇などで、地方の大名に嫁いだ公家のお姫様が、故郷である京の都を懐かしむ。やはり、ふるさとの父と母に勝る思い出はないのでしょう。時折、こんなシーンでこの言葉が出てきます。地方に嫁いだ公家の娘は、ややもすると一生親の顔を見ることもなく過ごさなくてはならなかったため、言葉に込める思いもひとしおだったはずです。

〔答　③父母〕

問題8　「そもじ」とは何のことでしょうか。

おそば屋さんの看板やのぼりに、店名の前に「そもじ」、あるいは「そもじ庵」という言葉が入っているのをよく見かけます。「そ」という字が独特の崩し字のため、最初全く読めず、どうやら「そ」という平仮名らしいとわかっても、今度は「そもじとは一体なんだろう」とずっと不思議に思っていました。

141

問題9 「すもじ」という食べ物とは？

「そもじ」がそばのことだと知って、やっと、すっきりしました。

「すし」を「おすし」というように、「すもじ」を「おすもじ」ということも多かったようですね。「寿司」という漢字は当て字で、もともとは「酢でしめたもの」という意味だったようです。室町時代に流行った「酒呑童子」の話の中にも、鬼たちが「どれ人間のすしでも食べるか」と、酢に漬け込んだ人肉を食べる場面が出てきます。

〔答 ③寿司〕

問題10 「あも」とは何のことでしょうか。

「あも」は、もともと、御所に仕える女官たちが使う言葉で、このため成人男性が使うことには違和感があったはずです。私がこの「あも」という京ことばを見つけたのは、司馬遼太郎さんの小説「新選組血風録」でした。京にきてまもない土方歳三が隊士と一緒に、清水寺に行った時のこと。茶屋で一服した際、何を注文してよいのかわからず、先客の女性が「あも」を頼んでいることをまねて、土方も「あもをくれ」といったのです。大の大人がそんな言葉を使ったため、店の人も客もくすくすと笑い出す始末。後で土方は「あも」はもちを指す言葉で、小さな子供や女性しか使わない京ことばだと聞かされた一幕です。

〔答 ①おもち〕

問題11 御所ことばで「おまな」とは？

漢字では「御真菜」と書き、どうやら食事の主菜をあらわしたようです。単に「まな」、あるいは「と」と、そのまま「おさかな」ということもあったようです。「あかおまな」は鮭や鱒など身の赤い魚のこと、「しろきおまな」は白身の魚のこと。「ながいおまな」は鱧を指したとのことです。「ややとと」は縮緬じ

142

第10章　京の言の葉

問題12　現在の京都御所の場所に天皇が居を移したのは何天皇の時でしょうか。

やこのことで、お刺身のことは「お造り」、生魚のことを「おなま」といっていたそうです。〔答　③魚類〕

明徳3年（1392）、南朝の天皇から北朝の天皇に三種の神器が渡され、60年近く続いた南北朝時代に終止符が打たれました。後小松天皇の在位中でした。内裏は延暦13年（794）に平安京が造営されてから何度も焼失し、その度に天皇は「里内裏」と呼ばれる公家の大邸宅などに仮住まいしていました。皇后の実家であることが多かったため、里内裏と呼ばれるのです。現在の京都御所も、もとは「土御門東洞院殿」と呼ばれていた里内裏のひとつ。度々の内裏再建に朝廷の財力が追いつかず、里内裏を増改築して正式の内裏としていきました。現在の殿舎の多くは、幕末のころ徳川幕府によって造営されたものです。

〔答　④後小松天皇〕

問題13　♪坊さん頭は丸太町……。二条通で何を買ったでしょうか。

京都市中心部の東西の通り名を覚える歌で有名なのは、♪丸竹夷に押御池……ですね。もう一つ、こんな歌があります。

♪坊さん頭は丸太町　つるっとすべって竹屋町　水の流れは夷川　二条で買うた生薬を　ただでやるのは押（惜）し　小路　御池で出逢うた姉さん（三）に　六銭もろうて蛸買うて　錦で落としてし（四）からればあや（綾）まったけど仏々と　高がしれてる松どしたろ

今でも二条通には、製薬会社や薬祖神祠（中京区）が建っています。

〔答　③薬〕

問題14　牛若丸と弁慶が出会った五条の橋は、現在の何橋の位置に架かっていたでしょうか。

♪京の五条の橋の上　大の男の弁慶は　長いなぎなた振り上げて　牛若めがけて切りかかる

牛若丸と弁慶が初めて出会った場所は、五条天神社近辺説、五条橋説、清水寺説などいろいろあります。

わらべうたでは、五条橋とされています。橋には可愛らしい牛若丸と弁慶の像が立っています。現在の五条橋は、豊臣秀吉が命じた位置に架けられたもので、牛若丸と弁慶のころは現在の松原通にかかる松原橋の位置であったとされています。

〔答 ②松原橋〕

問題15 ♪京の京の大仏つぁんは、天火で焼けてな……。焼け残った御堂は？

♪京の京の大仏つぁんは　天火で焼けてな　三十三間堂が焼け残った　あらドンドンドン　こらドンドンドン　うしろの正面どなた

「かごめかごめ」の歌と同じで、真ん中で目を閉じた子の周りを何人かが手をつないで輪になって歩き、後ろの正面にいる子を当てる遊びのわらべうたです。

「京の大仏」とは、豊臣秀吉・秀頼親子二代で造られた巨大な仏様で、方広寺（東山区）に建造されました。初代の大仏は大地震で倒壊。二代目も大火事で焼失しました。方広寺から南へ歩いてすぐ、蓮華王院（三十三間堂、東山区）があります。

〔答 ①三十三間堂〕

問題16 ♪歌の中山○○○、○○○の和尚さん坊さんで、牡丹に唐獅子、竹に虎、虎追うて走る和唐内……。○○に入るお寺は？

清閑寺（東山区）は音羽山の中腹、清水寺のさらに奥にある名刹です。古来より多くの歌人が参道や境内で歌を詠んだことから、「歌中山」というみやびな山号を持つ名刹です。「平家物語」では、平清盛に高

現在の五条大橋の畔に再現されている牛若丸と弁慶の出会いの像

第10章　京の言の葉

倉天皇との仲を引き裂かれた**小督局**が出家したお寺としても有名です。

「和唐内」(和藤内)とは、近松門左衛門の人形浄瑠璃「国性爺合戦」の主人公で、中国人の父と日本人の母を親に持つ英雄です。虎を退治するほどの武勇を誇り、江戸時代の人々から人気でした。

【答④清閑寺】

問題17

♪主は焙炉(ほいろ)こがれていよとわたしゃ茶園でうわの空、○○は茶所、茶は縁どころ娘やりたや婿ほしや……。

○○に入る地名は？

焙炉とは製茶用の乾燥炉のことです。もともとは木で作った枠に、和紙を張った簡単なもので、蒸した茶の葉を炭火で乾燥させながらもんでいました。昔も今も、茶農家では人手が足りないことが多いので、茶摘みの忙しい時期は親戚や知人が家族総出で応援にきてくれることも多いようです。茶摘みが終われば、製茶作業。当然、応援の滞在もロングランになって、そんな中で恋が芽生えて結婚に発展することもあったとか。このわらべうたは、恋に焦がれる様子を、茶が焦がされていく様子に見立てたのでしょうね。

【答②宇治】

> ちょっとアタマの整理

真の悟りを得た「如来（仏）」には、それぞれの浄土（仏の世界）があります。有名なところでは阿弥陀如来の「西方極楽浄土」。薬師如来の「東方瑠璃光浄土」。そして、それらの如来のもとには多くの菩薩たちが控えているのです。如来や菩薩などを会社組織にたとえてみましょう。秩序だった仏の世界が見えてくるようになりますよ。

「○○如来株式会社」
社是は「忘己利他」
利益は衆生に還元

如来　会長・社長などのトップ

説法（話）で衆生を導くのが如来です。会社のトップが定期的に訓示を垂れるのと一緒です。

菩薩　取締役・部長クラス

説法だけでは理解できず、各々悩みを持つ衆生に救いの手をさしのべる。悩める社員に部長クラスが困っていることをマンツーマンで聴いてあげるのと同じです。現場を隈なく見回って歩み寄って来てくれる存在。

明王　課長・係長クラス

話や優しい態度ではなかなか、言うことを聞かない輩にグッと睨みをきかせる。厳しく接する上司もいないと、一般社員は怠けてしまうことも多いので、絶えず叱咤激励する直属の上司的存在。

天　主任・専門職クラス

特殊技能をもったそれぞれの道のエキスパート。一般社員の身近な憧れ的存在。カラオケなら誰にも負けない女子社員（弁財天）、車の運転ならおまかせ、誰よりも早く目的地へ（韋駄天）などなど。

衆生　一般社員

有り難い話で社員を導く　**如来**　（会社トップクラス）
優しい態度で社員を導く　**菩薩**　（会社幹部クラス）
厳しい指導で社員を導く　**明王**　（会社中間管理職クラス）
特殊技能で社員を導く　**天**　（会社主任・専門職クラス）

あとがき

汲めども尽きぬ京都の魅力

小嶋一郎

京都に住んでもうすぐ四半世紀になろうとしています。兵庫で生まれ、大阪で育った私は、大学時代京都に通い始め、いつの間にか京都に友人二人と三人で小さな部屋を借り、住むようになりました。とあるお寺の寄宿舎を学生アパートに開放したもので共同トイレからはお墓が見え、夏ともなると玄関先に雑草が生い茂り、浅茅が宿のようになっていたことも今では懐かしい思い出です。

そうそう、嘘かまことか？この世の不思議！「金縛り」という現象を寝ている間初めて経験したのも、この下宿でのことでした。その時の恐怖感を無理やり緩和させようと「さすが京都！こんなことまで体験できるんだ！」と頭を切り替えましたが、あとでそれが睡眠時の体のリズムによる現象であると聞かされました。しかし当時の下宿が西陣と東陣（御霊神社）の中間あたりに位置していたこともあり、応仁の乱の落武者の仕業！と真剣にそう思っていたのです。私にそう思わせたのはまさしく京都の魅力ならぬ魔力でしょう。今ではその下宿も既に取り壊され、月極めの駐車場となっています。

もともと歴史に興味があり、社寺史跡などの案内をしたいと思っていた私は学生時代「歴史美術研究会」という

サークルに入り、週三～四回の集まりで歴史や文化財との関係を深めていったのです。社寺の案内を学生時代に定期的に経験できるのも、京都ならではの魅力だと思います。今でも、文化財を案内する目的で、この社寺の案内をする学生達がいます。関西学生古美術連盟に所属する京都・兵庫の大学の古美術研究会系のサークルに入れば経験できるのです。ところがこのサークルに所属する学生は意外と京都出身者が少なく、他の都道府県出身者が多いことは昔も今も変わりません。京都をよく知らない者が京都をもっとよく知りたいという欲求に駆られるのでしょう。私もそのひとりです。

京都で生活を始めた頃、大阪との違いに驚いたことに豆腐の美味しいことはいうまでもありませんが、スーパーなどで販売している豆腐でも美味しい豆腐が京都には数多いのです。豆腐好きの私はこれでますます京都が好きになりました。食文化にも深みがあることを知ったからです。もちろん個々の豆腐店の豆腐湯葉や麩、鱧やぐじなど、京都独特の食材や加工品もあります。ホテルの企画部門に長く居たため、和食の料理撮影などを通して、これら食文化の一端にも触れることができました。そして伝統芸能や伝統工芸、言葉の文化等々、まだまだ暖簾を潜って、中を少しだけ覗かせて貰ったくらいですが、一日中へ入らせてもらえば、更なる奥深い世界が待っていることでしょう。

思えばちょうど一年前、読売新聞京都総局の足達総局長と深井デスクから、京都に関するクイズを連載しませんか、というお誘いを受けました。社寺等の文化財については仕事柄、少しは問題も解説も書けるだろうと自負しておりましたが、その他の分野はまだまだ未知の世界。しかし、それを逆手にとって、一般の読者の目線で興味のあるところ、不思議に感じるところを中心に問題にしていけば、と開き直り少しずつ挑戦しています。ですから新聞

148

あとがき

社の記者の方や校閲部門の方々にも苦労をおかけしているものと思います。熱心な聴講の方々から生の声を聴けるのが、楽しみの一つです。できるだけ双方向性のある講座を、という私の考えで、講演の最後にはいつも二十問のミニテストを実施しています。おさらいを兼ねての腕試しテストですが、新聞には未掲載の書き下ろし問題です。今回出版されたこの本の中にもその一部、五十問強が収録されています。

社寺・史跡・文化財・催事・食文化・文学・京言葉などこれまでにいくつかのジャンルでは、皆様をその入口にお誘いしているに過ぎません。解説を御覧いただき、その後は読者の皆様がそれぞれに興味をもたれた入口から、更なる奥の世界へと進まれることを願います。それが、町の中で或いは自然の中で、実際に体感できることが、京都の最大の魅力であると私は思います。町の到る所に説明の制札、石碑、銅像があります。少し足を止めてそれらを読んでみることは、体験学習の一つだと思います。そしてわからなかった語句や人物名は自宅や図書館で調べてみる、地味なことですが、これが結構身に付きます。ラン&ラーン、走って学ぶ。私の場合は自転車が基本ですので、ライドですが、ゆったりとウォーク&ラーンでも勿論結構です。そして学習は楽習が基本です。食に興味のある方は京料理や京菓子方面から、源氏物語に興味のある方は文学や平安京の埋蔵文化財から。どこからでも京都は融通無碍に道を示してくれる懐の深い町です。

時代を軸に、人物を軸に、宗教を軸に、エリアを軸に、文化を軸に、産業を軸に、多彩な軸が京都には存在し、どれを中心に回してみても面白い回り方をする。コマは「独楽」とも書きます。もちろん二人以上で楽しんでいただいても結構ですが、独りでも充分楽しめるのが、京都の良いところでもあります。ひとり住まい、ひとり旅、ひ

とり鍋、大いに結構じゃないでしょうか、京都はひとりで寂しいと言っている暇などないところだということをこの本で実感してください。

最後になりましたが、画像の掲載に御協力いただいた社寺・関係省庁。毎週日曜日連載（休載週あり）の破天荒な原稿を苦労して記事にしていただいている読売新聞京都総局の足達総局長・深井デスク・二谷記者・伊東カメラマンをはじめ、京都総局の皆さん。また出版にあたりお世話になった淡交社八杉副編集局長、編集の担当であり、京都検定一級一期生仲間である安井さんに心より御礼申し上げます。

問題	☆	☆☆	☆☆☆
問題5		①	
問題6		③	
問題7		①	
問題8			②
問題9			④
問題10	③		
問題11	②		
問題12		④	
問題13		④	
問題14		①	
問題15		①	
問題16		③	
問題17			④
問題18			③
問題19			②
問題20	②		
問題21	③		
問題22		③	
問題23		①	
問題24			③
問題25	②		
問題26	①		
問題27	④		
問題28	④		
小 計			

問題	☆	☆☆	☆☆☆
問題29		②	
問題30		④	
問題31			③
第9章　建築あれこれ			
問題1	②		
問題2	①		
問題3	③		
問題4		②	
問題5		②	
問題6			①
問題7	②		
問題8		②	
問題9		④	
問題10	①		
問題11			④
問題12	④		
問題13	③		
問題14	③		
問題15		③	
問題16		④	
問題17		④	
問題18			①
問題19	①		
問題20	④		
小 計			

問題	☆	☆☆	☆☆☆
問題21	①		
問題22		③	
問題23		③	
問題24		②	
問題25			①
第10章　京の言の葉			
問題1		③	
問題2		④	
問題3		③	
問題4		④	
問題5			③
問題6		③	
問題7		③	
問題8	①		
問題9		③	
問題10		①	
問題11		③	
問題12			④
問題13	③		
問題14	②		
問題15		①	
問題16		④	
問題17			②
小 計			
合 計			

採点結果はいかがでしたか。本書の性格上、1点2点を競う必要はありませんが、どうしても、という向きには、次のような基準も参考になるかも知れません。

　50点以下　……………「もう、かなんわぁ」

　51点〜150点　…………「おきばりやっしゃ」

　151点〜300点　…………「ぼちぼちどすなぁ」

　301点〜400点　…………「できるやおへんか」

　401点以上　……………「天神さんもびっくりしはるわ」

問　題	☆	☆☆	☆☆☆
問題8	④		
問題9		②	
問題10		③	
問題11			②
問題12	②		
問題13	②		
問題14		②	
問題15		①	
問題16			①
問題17	④		
問題18		①	
問題19		③	
問題20		③	
問題21			③
問題22			③
第4章　伝説・物語の世界			
問題1		②	
問題2		②	
問題3		④	
問題4			①
問題5	③		
問題6	②		
問題7		④	
問題8	①		
問題9		④	
問題10			③
問題11	②		
問題12	③		
問題13	②		
問題14	②		
問題15		④	
問題16		④	
問題17			①
第5章　京の食文化			
問題1	②		
小　計			

問　題	☆	☆☆	☆☆☆
問題2	①		
問題3	③		
問題4		③	
問題5		②	
問題6			④
問題7	③		
問題8	②		
問題9	④		
問題10	①		
問題11		③	
問題12	①		
問題13	①		
問題14			②
問題15	③		
問題16	①		
問題17		③	
問題18			①
問題19	②		
問題20	②		
問題21	③		
問題22		②	
問題23		①	
問題24			④
問題25			④
第6章　百花繚乱の都			
問題1	②		
問題2	②		
問題3	③		
問題4		①	
問題5		③	
問題6	②		
問題7			①
問題8	②		
問題9	②		
問題10	①		
小　計			

問　題	☆	☆☆	☆☆☆
問題11		④	
問題12		②	
問題13		④	
問題14			④
問題15	①		
問題16	①		
問題17		①	
問題18		②	
問題19		③	
問題20			③
第7章　花街の華やぎ			
問題1	①		
問題2	②		
問題3	②		
問題4		①	
問題5		①	
問題6		③	
問題7			④
問題8	③		
問題9	④		
問題10	③		
問題11	③		
問題12		③	
問題13			③
問題14	④		
問題15	②		
問題16	①		
問題17		①	
問題18			④
問題19			①
第8章　庭めぐり			
問題1	④		
問題2	④		
問題3	②		
問題4		②	
小　計			

採点表

難易度（☆印）の列ごとに正答数を集計し、難易度を加味して合計点数を出して下さい。(☆の総正答数×1)＋(☆☆の総正答数×2)＋(☆☆☆の総正答数×3)で、満点は440点です。

第1章 社寺と文化財

問題	☆	☆☆	☆☆☆
問題1	④		
問題2	②		
問題3	④		
問題4	④		
問題5		①	
問題6		①	
問題7		③	
問題8		④	
問題9		④	
問題10			②
問題11	③		
問題12	③		
問題13		①	
問題14		①	
問題15			②
問題16	②		
問題17	①		
問題18	②		
問題19		①	
問題20		①	
問題21		④	
問題22		④	
問題23			①
問題24			③
問題25	①		
問題26	①		
問題27		③	
小計			

第2章 京の歳時記

問題	☆	☆☆	☆☆☆
問題28		②	
問題29			②
問題1	②		
問題2	①		
問題3	②		
問題4	①		
問題5		①	
問題6		②	
問題7			③
問題8	①		
問題9	②		
問題10	②		
問題11	④		
問題12		③	
問題13		③	
問題14		④	
問題15			④
問題16	②		
問題17	④		
問題18	①		
問題19		①	
問題20		②	
問題21			①
問題22			①
問題23	④		
問題24	①		
問題25	④		
小計			

第3章 歴史上の人物たち

問題	☆	☆☆	☆☆☆
問題26	①		
問題27		②	
問題28			③
問題29	③		
問題30	④		
問題31	④		
問題32		①	
問題33			①
問題34	③		
問題35	①		
問題36	①		
問題37		①	
問題38		①	
問題39		①	
問題40			④
問題41			①
問題42	②		
問題43	①		
問題44		④	
問題45			②
問題1	④		
問題2	①		
問題3	①		
問題4		①	
問題5			①
問題6			①
問題7	②		
小計			

深泥池	39, 140
水無月	75
南観音山	42
源融	20, 111
源義経	13
源頼政	91
源頼光	61
壬生狂言	14, 38
壬生塚	42
宮川町	96, 97
都をどり	97, 98
妙喜庵	79
妙心寺	113, 115, 118
妙法院	11, 132

む

迎え鐘	35
村上天皇	85
紫式部	64, 66
無鄰菴	109, 110, 117

め

目疾地蔵	10

や

焼け山	41
八坂神社	10, 30, 32, 33, 39, 40, 41, 132
八坂の塔	129
休み山	41
やすらい祭	33
奴しまだ	101
八橋検校	74
柳の御加持	11
夜泊石	111
流鏑馬	32
山県有朋	117

よ

楊貴妃観音	18
楊枝浄水供	11
楊柳観音	42
余香苑	118
与謝野晶子	13
与謝蕪村	12
吉田神社	38, 76, 134
世継地蔵	11f

ら

洛中洛外図屏風	52
羅城門	19

り

龍吟庵	119
了徳寺	36
林光院	87
林浄因	76
琳派	19, 91

れ

霊雲院	113
蓮華王院	15, 19, 144

ろ

六条御息所	64
六道	13, 35, 66
廬山寺	37, 65
六角堂	43

わ

和気清麻呂	12
和気広虫	12
渡辺綱	61
割れしのぶ	101

を

をけら詣り	132

夏越祓	75	藤原種継	62
名古曽の滝	109	藤原時平	62
並河靖之	110	藤原冬嗣	79
成相寺	17	藤原保昌	12, 51, 62
南禅寺	20, 56, 57, 112, 114, 118, 119, 126	藤原道隆	49
南蛮寺	51, 53	藤原道長	49, 51, 61, 62, 64, 85
		普茶料理	74
に		ブルーノ・タウト	116
西陣聖天	89	古田織部	112
西本願寺	15, 114, 126	芬陀院	113
二条城	55, 56, 112, 115, 116		
女紅場	97, 99, 100	**へ**	
仁和寺	88, 132	平安神宮	15, 19, 38, 109, 110, 132, 133
		平家物語	13, 90, 145
は		遍照寺	64
梅花祭	37		
袴垂	12, 62	**ほ**	
橋本関雪	117	宝永の大火	127, 128
走井餅	75	放下鉾	43
波心庭	119	法観寺	129, 130
八条宮智仁親王	116	保元の乱	64
八朔祭	34	方広寺	54, 55, 144
八朔相撲	34	豊国廟	54
八相の庭	119	法成寺	64, 85
花傘巡行	40	方相氏	38
花簪	100	蓬莱の庭	118
はねず踊り	85	法輪寺	10
蟠龍図	18	細川勝元	115
		布袋山	41
ひ		仏舞	17
飛雲閣	15	先斗町	96, 98, 99
東本願寺	111		
光源氏	19, 64, 65, 66	**ま**	
飛香舎	65	松尾寺	17
平等院	109	松尾大社	11, 34, 117, 118
平等寺	127	円山公園	110
瓢鮎図	113, 118	万願寺とうがらし	76, 77
琵琶湖疏水	117, 119		
		み	
ふ		御生神事	31
風神雷神図屏風	19	御蔭祭	31
藤戸石	110	御車返しの桜	89
伏見稲荷大社	11, 34, 133	店出し	100, 101
伏見城	54, 56, 57, 114	禊川	74
藤原俊成	90, 91	御手洗川	20

新選組 ……………………14, 41, 42, 142
真如堂 ……………………………85, 89

す

随心院 ……………………………20, 50, 85
瑞峯院 ………………………………118
姿見の井 ………………………………50
菅原道真 ……………………………62, 63
朱雀門 …………………………………19
崇徳天皇 ……………………………63, 64
洲浜鉾 …………………………………43

せ

清閑寺 ……………………………144, 145
清少納言 ……………………………31, 49
舎密局 ……………………………80, 141
清凉寺 …………………………………20
雪舟 ……………………………17, 113
セミナリヨ ……………………………51, 53
善阿弥 ………………………………114
仙洞御所 …………………………112, 116
泉涌寺 ………………………………18, 49
千本閻魔堂 ……………………………36
千本釈迦堂 ……………17, 36, 87, 88, 130
千利休 ……………………………53, 79

そ

相阿弥 ………………………………114
草紙洗いの井 …………………………50
卒塔婆小町 ……………………………49

た

待庵 ……………………………………79
大覚寺 ……………………………20, 109, 114
大元宮 ………………………………134
大極殿 …………………………………19
醍醐の花見 ……………………………55, 110
退蔵院 ………………………………113, 118
大徳寺 ………………………………118
泰平閣 …………………………………15
大報恩寺 ……………………17, 130, 131
大文字 ………………………………36, 98
平清盛 ……………………………15, 111, 145
平重盛 ………………………………111
平忠度 …………………………………90

對龍山荘 ……………………………110, 118
高倉天皇 ……………………………145
鷹山 ……………………………………41
建勲神社 ……………………………34, 52
太宰府 ………………………………62, 63
田道間守 ………………………………76
橘嘉智子 ………………………………86
橘道貞 …………………………………50
為尊親王 ………………………………51
俵屋宗達 ………………………………19
檀林皇后 ………………………………86

ち

智積院 ……………………………110, 114
仲源寺 …………………………………10

つ

土御門東洞院殿 ……………………143
鶴亀の庭 ……………………………57, 114
徒然草 …………………………………32

て

定子 ……………………………………49
滴翠園 …………………………………15

と

東寺 …………………………………128
東福寺 ……………………………113, 119, 128
東福門院 ……………………………56, 115
東北院 …………………………………85
蟷螂山 …………………………………43
通し矢 …………………………………11
徳川家光 ……………………………89, 115, 128
徳川家康 …………………11, 56, 57, 110, 112, 115
独坐庭 ………………………………118
渡月橋 …………………………………10
鳥羽天皇 ……………………………63, 64
飛び梅 …………………………………62
富岡鉄斎 ……………………………33, 89
伴氏社 ………………………………132
豊臣秀吉 ……………79, 96, 110, 112, 144
豊臣秀頼 ……………………………55, 133

な

長刀鉾 ……………………………30, 40, 41, 43

くじ取り式	43
久世稚児	40
競馬会	32
鞍馬寺	13, 17, 33
鞍馬の火祭	33
車争い	31
車折神社	89
黒谷さん	128

け

桂宮院	134
化粧の井	50
毛吹草	75, 76
賢庭	57, 114, 115
玄武神社	33
建礼門	13, 19

こ

向月台	112
光厳上皇	90
紅白梅図屏風	20, 91
光明院	119
広隆寺	33, 134
虎渓の庭	114
小督局	145
九重桜	90
小式部内侍	50
御所桜	88
牛頭天王	39
国家安康の鐘	55
孤篷庵	112
小堀遠州	57, 112, 114, 115
駒形稚児	40
駒形提灯	40, 41
後水尾天皇	56, 89, 115
金戒光明寺	75, 128, 129
権現造	133
金地院	56, 57, 112, 114
権殿	134

さ

斎王桜	88
西行桜	87
西行法師	87
嵯峨釈迦堂	20

坂田金時	61
嵯峨天皇	19, 20, 79, 86, 89
先筈	101
佐々紅華	98
里内裏	143
鯖街道	73
早良親王	12, 62, 63
三千院	13, 36
山王祭	30
三宝院	110, 126
三宝寺	36
三黙堂	131
楼門五三桐	126

し

式包丁	72
重森三玲	117, 118, 119
慈照寺	15, 112, 114
紫宸殿	132
時代祭	30, 31, 32, 33
枝垂れ紅梅	87
島原	96, 97
下鴨神社	11, 20, 30, 31, 32, 134
下御霊神社	12
積翠園	111
赦免地踊	33
酬恩庵一休寺	114
十三まいり	10
修験道	41, 42
酒呑童子	61, 62, 142
聖護院大根	77
常光院	75
相国寺	18, 87, 128
上古の庭	117
勝持寺	87
常照皇寺	89
渉成園	110, 111, 115
浄蔵	129, 130
定朝	14
上徳寺	11, 12
城南宮	11, 111
浄瑠璃寺	109, 130
白河上皇	63
白川女	31, 32
神泉苑	30, 31, 116

大友宗麟	118
大豊神社	87
大原御幸	13
大福梅	85, 86
大舩鉾	41
尾形光琳	20, 91
おかめ桜	87
小川治兵衛	109, 110, 117, 118, 119
置屋	97, 99, 101
御玄猪	76
お精霊さん	36
おたふく桜	88
小田原の一升石	117
御土居	53
音羽の滝	80
小野小町	18, 49, 50, 85
小野篁	35, 66
大原女	31, 32
おふく	101
おまな	142

か

蚕の社	119, 132
通小町	49
顔見世	100
花街総見	100
燕子花図屏風	91
覚勝院	36
かしの式	97
勧修寺	86, 91
春日局	89
菓祖神社	76
郭巨山	43
勝山	101
桂女	31, 32
桂離宮	116
加藤清正	55
狩野永徳	52
狩野元信	62, 113
かまきり山	43
釜掘り山	43
上賀茂神社	11, 30, 31, 32, 34, 75, 88, 90, 111, 134
上御霊神社	12, 63
上七軒	37, 96, 99

亀の井	11
鴨川をどり	98
賀茂保憲	13
賀茂祭	30, 31, 32
烏相撲	34
雁金屋	91
川上大神宮	33
川端康成	42, 80
河原院	111
歓喜桜	89
閑室元佶	56, 57
関雪桜	117
閑眠庭	118

き

祇園をどり	98
祇園甲部	96, 100
祇園東	96, 99
祇園祭	30, 31, 39, 40, 41, 43, 97, 101
義空上人	130
枳殻邸	111, 115
北野大茶湯	53
北野天満宮	20, 37, 53, 54, 63, 75, 85, 96, 126, 132, 133
紀貫之	87
紀内侍	87
貴船神社	11, 39, 72
御衣黄	89
行者餅	42
京都御苑	64, 127, 132
京都御所	143
京都三大奇祭	33
京都三鳥居	132
京都博覧会	98
京廻ノ堤	53
曲水の庭	118
清原元輔	49
清水寺	16, 18, 142, 143, 144
金閣	15, 128
銀閣	15, 112, 114
金時にんじん	77, 78
禁門の変（蛤御門の変）	127

く

ぐじ	72

158

索　引

索引項目は、各章の「解説と答」中の重要語句から選択しました。

あ

葵祭 …………………………… 30, 31, 32
不明門通 …………………………… 127
明智光秀 …………………………… 51, 89
足利尊氏 …………………………… 14, 17
足利義昭 …………………………… 51
足利義教 …………………………… 130
足利義政 …………………………… 15, 114
阿茶局 …………………………… 11
敦道親王 …………………………… 51
後祭 …………………………… 30, 39
穴太寺 …………………………… 17
安倍晴明 …………………………… 13, 61, 64
阿弥陀ヶ峰 …………………………… 54, 55
綾戸国中神社 …………………………… 40
鮎釣山 …………………………… 43
在原業平 …………………………… 49, 90, 127
安国寺 …………………………… 14, 17
安楽庵策伝 …………………………… 12
安楽寺 …………………………… 35

い

生間流 …………………………… 72
石川五右衛門 …………………………… 126
石川丈山 …………………………… 110, 115
和泉式部 …………………………… 12, 13, 50, 51, 62, 85
一条天皇 …………………………… 49, 50, 61
一休宗純 …………………………… 114
厳島神社 …………………………… 132
茨木童子 …………………………… 61
今井宗久 …………………………… 53
今宮神社 …………………………… 33

石清水八幡宮 …………………………… 30, 75
隠元禅師 …………………………… 73

う

植治 …………………………… 110
宇治上神社 …………………………… 134
宇治十帖 …………………………… 64
宇治宮成 …………………………… 17
牛祭 …………………………… 33
羽觴 …………………………… 111
碓井貞光 …………………………… 61
歌中山 …………………………… 145
雨宝院 …………………………… 89
梅宮大社 …………………………… 20, 86
占出山 …………………………… 12, 43
卜部季武 …………………………… 61
運敞僧正 …………………………… 110

え

襟替え …………………………… 101
圓光寺 …………………………… 57
円徳院 …………………………… 114
役小角 …………………………… 41

お

御池通 …………………………… 42, 116
鶯宿梅 …………………………… 87
応天門の変 …………………………… 19
鸚鵡小町 …………………………… 49
大炊殿 …………………………… 134
大江山 …………………………… 61, 62
大沢池 …………………………… 109
大田神社 …………………………… 90

小嶋一郎（こじま　いちろう）
昭和37年尼崎市生まれの大阪育ち。同志社大学在学中は歴史美術研究会に所属し、授業そっちのけで仏像・古建築・庭園・絵画などの拝観に、仲間と京都・滋賀・奈良ほかを闊歩。この時期、秋の特別拝観で寺院の案内・警備を体験、現在勤務する（財）京都古文化保存協会に出入りする。卒業後は京都市内にオープンしたばかりの航空会社系のホテルに就職したが、企画・ブライダルなど15年間のホテルマン生活にピリオドを打ち、京都府庁商工部観光商業課に中途採用され、公務員も体験。その後、文化財保護を提唱する京都古文化保存協会の職員となる。現在、京都産業大学日本文化研究センター上席特別客員研究員。京都検定一級・奈良検定二級・国内旅行業務取扱主任者の資格取得。趣味は、京都に関するクイズの制作、「京都隠れ遺産」の発掘、銭湯めぐり、ブログを使った京都の魅力発信。

もっと京都がわかる250問

2007年10月25日　初版発行

著　者　　小嶋一郎　読売新聞京都総局
発行者　　納屋嘉人
発行所　　株式会社　淡交社
　　　　　本社　京都市北区堀川通鞍馬口上ル
　　　　　　営業　（075）432-5151
　　　　　　編集　（075）432-5161
　　　　　支社　東京都新宿区市谷柳町39-1
　　　　　　営業　（03）5269-7941
　　　　　　編集　（03）5269-1691
　　　　　http://www.tankosha.co.jp
印　刷　　図書印刷株式会社

©小嶋一郎　読売新聞京都総局　2007　Printed in Japan
ISBN978-4-473-03436-6

落丁・乱丁本がございましたら、小社「出版営業部」宛にお送りください。
送料小社負担にてお取り替えいたします。
本書の無断複写は、著作権法上での例外を除き、禁じられています。